Family Life Experts

1. Auflage

2019

PUBERTÄT MÄDCHEN

DIESES BUCH GEHÖRT

JEDES LÄCHELN, DAS DU IN DEN SPIEGEL SCHENKST, IST EIN VERSPRECHEN AN DICH SELBST: DU BIST WERTVOLL, GELIEBT UND STARK.

Inhaltsverzeichnis

1 - Vorwort

Wenn plötzlich die Gefühlsschwankungen langsam unkontrollierbar scheinen und das sonst so vertraute Verhalten der Tochter einem emotionalen Wirbelsturm gleicht, dann ist es so weit: Die Pubertät hat Einzug gehalten. Diese Phase kommt oft überraschender als

erwartet und bedeutet nicht nur für die heranwachsenden Mädchen, sondern auch für ihre Eltern eine enorme Umstellung. Gerade bei Mädchen beginnt diese Zeit der Veränderung oft früher, manchmal schon mit 8 Jahren, und kann bis zum 15. Lebensjahr andauern. Doch wie ein individueller Fingerabdruck sind auch Beginn und Verlauf der Pubertät bei jedem Mädchen einzigartig.

Diese Phase ist ein natürlicher Lebensabschnitt, der den Übergang von der Kindheit zum Erwachsensein markiert. Sie ist geprägt von Entdeckungen, Herausforderungen und vielen ersten Erfahrungen. Es ist eine Zeit, in der du als heranwachsendes Mädchen anfängst, deinen eigenen Platz in der Welt zu finden, deine Identität zu formen und gleichzeitig die Grenzen des bisher Bekannten auszuloten.

Eltern stehen vor der Herausforderung, ein ausgewogenes Verhältnis zwischen dem Wunsch nach Schutz und dem Bedürfnis nach Loslassen zu finden. Es erfordert ein Umdenken, eine Anpassung an die neue Rolle, die nicht mehr nur von Schutz und Kontrolle geprägt ist, sondern von Vertrauen, Unterstützung und dem langsamen Akzeptieren, dass ihr Kind eigene Wege geht. Gerade für Mütter kann dieser Ablösungsprozess eine Herausforderung darstellen. Die Frage, was in der Pubertät normal ist und was dazu gehört, beschäftigt viele.

In diesem Ratgeber wollen wir zeigen, was Pubertät jenseits des Klischees vom Wüten gegen die Eltern wirklich bedeutet. Es ist eine Zeit des inneren Wachstums, der emotionalen Gefühle und der körperlichen Veränderungen, die behutsam gesteuert werden wollen. In dieser Zeit der Veränderung sind Geduld, Verständnis und Unterstützung unerlässlich.

Statt mit Unverständnis und Frustration zu reagieren, laden wir dich ein, diesen Weg gemeinsam mit deinen Eltern zu gehen. Dieser Ratgeber soll sowohl für dich als heranwachsendes Mädchen, das sich seinen Weg durch das Labyrinth der Pubertät bahnt, als auch für deine Eltern, die lernen müssen, wie sie dich am besten unterstützen können, ohne sich dabei selbst zu verlieren, eine Hilfe sein.

Wir beleuchten, was die Pubertät mit dir macht, welche Veränderungen sie mit sich bringt und wie du gemeinsam mit deinen Eltern diese entscheidende Phase deines Lebens meistern kannst. Dabei gehen wir sowohl auf die körperliche als auch auf die seelische Entwicklung ein, denn beide spielen eine wichtige Rolle auf deinem Weg zum Erwachsenwerden.

Mit diesem Ratgeber hoffen wir, dir und deinen Eltern Einblicke, Verständnis und praktische Hilfestellungen zu geben, um diese Zeit des Umbruchs nicht nur zu überstehen, sondern gestärkt und selbstbewusst aus ihr hervorzugehen. Denn eines ist sicher: Die Pubertät ist nicht nur eine Herausforderung, sondern auch eine wunderbare Chance zu wachsen, zu leuchten und sich selbst besser kennenzulernen.

2 - Was ist Pubertät?

Die Pubertät ist eine Reise, die jedes Mädchen auf ihre

eigene, einzigartige Weise durchlebt. In dieser Zeit machen Mädchen nicht nur die offensichtlichen körperlichen Veränderungen durch, die mit der Geschlechtsreife einhergehen, sondern sie erleben auch eine tiefgreifende innere Wandlung. Diese Veränderungen beeinflussen die Art und Weise, wie sie sich selbst und ihre Umwelt wahrnehmen und prägen ihre Entwicklung zu selbstbewussten und unabhängigen Individuen.

Zeit der Selbstfindung und Identitätsbildung:

Mit der Pubertät beginnt ein intensiver Prozess der Selbstfindung. Mädchen stellen sich Fragen nach der eigenen Identität, nach Werten und Überzeugungen. Sie experimentieren mit verschiedenen Rollen, Stilen und Ausdrucksformen, um herauszufinden, wer sie sind und wer sie sein wollen. Diese Phase der Selbstfindung ist entscheidend für die Entwicklung eines stabilen Selbstwertgefühls und Selbstvertrauens. In dieser Zeit können die Meinungen von Gleichaltrigen und die Darstellung in den Medien besonders prägend sein, was den Prozess der Identitätsfindung sowohl bereichern als auch herausfordern kann.

Emotionale Achterbahnfahrt und Suche nach Zugehörigkeit:

Neben den körperlichen Veränderungen ist die Pubertät auch eine emotionale Achterbahnfahrt. Die Schwankungen im Hormonhaushalt können zu intensiven emotionalen Erlebnissen führen, von überschwänglicher Freude bis zu tiefer Trauer. Mädchen lernen in dieser Zeit, mit einer großen Bandbreite von Gefühlen umzugehen, was nicht selten zu Missverständnissen mit Eltern und Freunden führen kann. Die Suche nach Zugehörigkeit und Anerkennung in der Freundesgruppe spielt eine zentrale Rolle und beeinflusst das soziale Miteinander ebenso wie das Bedürfnis nach Unabhängigkeit und Abgrenzung von den Eltern.

Die Rolle von Familie und sozialem Umfeld:

Während Mädchen diese tiefgreifenden Veränderungen durchlaufen, ist die Unterstützung durch die Familie und das soziale Umfeld unerlässlich. Ein offener Dialog über die vielfältigen Aspekte der Pubertät, einschließlich körperlicher Veränderungen, emotionaler Schwankungen und des wachsenden Bedürfnisses nach Autonomie, kann dazu beitragen, Missverständnisse zu vermeiden und eine vertrauensvolle Beziehung aufrechtzuerhalten. Eltern, Lehrer und auch Betreuer spielen eine entscheidende Rolle bei der Schaffung eines sicheren Umfelds, in dem Mädchen sich frei ausdrücken und ihre Identität entwickeln können.

Bildung und Sensibilisierung:

Wissen ist Macht, das gilt besonders in der Pubertät. Fundierte Informationen über körperliche Veränderungen, Sexualität und emotionale Gesundheit geben Mädchen das nötige Selbstvertrauen, um informierte Entscheidungen über ihren Körper und ihr Wohlbefinden zu treffen. Schule und Familie sind gleichermaßen gefordert, relevante Informationen zu vermitteln und Raum für Fragen und Diskussionen zu eröffnen. Die Pubertät ist also weit mehr als der Übergang zur körperlichen Reife, sie ist ein komplexer Prozess der persönlichen und sozialen Entwicklung. Sie bietet die Chance, sich selbst zu entdecken, eigene Werte und Überzeugungen zu bilden und den Grundstein für das Erwachsenenleben zu legen.

Zusammenfassung

Die Pubertät ist eine aufregende Phase im Leben eines Mädchens, die von körperlichen, emotionalen und psychischen Veränderungen geprägt ist. Es ist eine Zeit der Entdeckung und Selbstfindung, in der Mädchen ihre eigene Identität formen und ihre Stärken erkennen. Trotz der Herausforderungen bietet die Pubertät auch die Möglichkeit zu persönlichem Wachstum und zur Entfaltung des eigenen Potenzials.

2 - Wie unterscheidet sich die Pubertät zwischen Jungen und Mädchen?

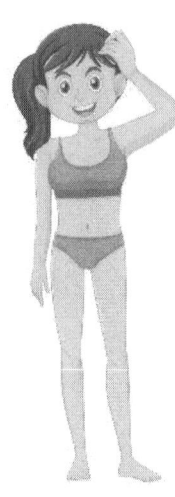

Die Pubertät ist für beide Geschlechter eine Zeit des Übergangs, in der nicht nur der Körper, sondern auch das Selbstbild und die soziale Rolle tiefgreifenden Veränderungen unterworfen sind. Obwohl es offensichtliche Unterschiede in der Entwicklung von Jungen und Mädchen gibt, sind es die Komplexität dieser Veränderungen und ihre Auswirkungen auf das Individuum, die eine detaillierte Betrachtung erfordern.

Hormon-Unterschiede und körperliche Entwicklung:

Bei beiden Geschlechtern löst der Anstieg der Sexualhormone - Testosteron bei Jungen, Östrogen und Progesteron bei Mädchen - eine Kette von Entwicklungen aus, die zur Geschlechtsreife führen. Bei Mädchen beginnt die Pubertät typischerweise mit der Entwicklung der Brustknospen, gefolgt von der Wachstumsphase und der Menarche, der ersten Regelblutung, die ein deutliches Zeichen der Fruchtbarkeit ist. Die Menstruation ist vielleicht eine der wichtigsten Veränderungen in der Pubertät, die nicht nur körperliche, sondern auch psychische und soziale Anpassungen erfordert.

Mädchen müssen lernen, mit dem Menstruationszyklus und ihren Begleiterscheinungen wie Stimmungsschwankungen und Krämpfen umzugehen, was eine zusätzliche Ebene der Komplexität in ihren Alltag bringt. Jungen erleben in der Pubertät eine deutliche Zunahme von Körpergröße und Muskelmasse, den Stimmbruch und das Wachstum von Gesichts- und Körperbehaarung. Die erste Ejakulation markiert einen ähnlichen Übergang zur Fruchtbarkeit wie die Menstruation bei Mädchen, wird aber gesellschaftlich weniger thematisiert.

Psychische und emotionale Entwicklung:

Mädchen und Jungen durchleben während der Pubertät erhebliche emotionale und psychische Veränderungen, die durch hormonelle Schwankungen beeinflusst werden. Während Mädchen tatsächlich starke Stimmungsschwankungen erleben können, durchlaufen auch Jungen emotionale Veränderungen, die jedoch aufgrund gesellschaftlicher Erwartungen an Männlichkeit oft weniger sichtbar oder anerkannt sind.

In den zurückliegenden Jahren wurde Jungen oft beigebracht, Gefühle wie Verletzlichkeit oder Traurigkeit nicht zu zeigen, was dazu führen kann, dass ihre emotionalen Erfahrungen in der Pubertät weniger sichtbar und verstanden werden. In der heutigen Zeit ändert sich jedoch langsam das Verständnis von Männlichkeit und Emotionen. Es gibt immer mehr Raum für Jungen, ihre Gefühle auszudrücken und darüber zu sprechen. Dennoch bleibt der Druck traditioneller Männlichkeitsvorstellungen bestehen, was die offene Kommunikation über emotionale Herausforderungen für viele Jungen erschweren kann.

Soziale Aspekte und Identitätsentwicklung:

Die Pubertät ist eine entscheidende Phase für die Identitätsbildung und die soziale Entwicklung beider Geschlechter. Mädchen stehen oft vor der Herausforderung, ihre eigene Identität in einem soziokulturellen Rahmen zu finden, der widersprüchliche Botschaften über Weiblichkeit, Unabhängigkeit und Sexualität aussendet. Die Konfrontation mit Geschlechterstereotypen und das Ringen um Selbstakzeptanz in einer Welt, die stark auf Äußerlichkeiten fokussiert ist, kann bei Mädchen zu Unsicherheit und geringem Selbstwertgefühl führen.

Jungen hingegen stehen vor der Herausforderung, ihre Männlichkeit in einer Weise zu definieren, die sowohl ihren persönlichen Neigungen als auch den oft rigiden gesellschaftlichen Erwartungen entspricht. Der Druck, Stärke, Unabhängigkeit und Dominanz zu demonstrieren, kann die Entwicklung eines gesunden Selbstbildes erschweren und zu Konflikten zwischen der eigenen Verletzlichkeit und dem gesellschaftlichen Bild von Männlichkeit führen.

Der Einfluss von Gesellschaft und Kultur

Kulturelle Normen und Werte spielen eine entscheidende Rolle dabei, wie Jungen und Mädchen die Pubertät erleben und interpretieren.

15

In vielen Kulturen ist die Pubertät der Zeitpunkt, an dem sich wichtige Geschlechterrollen und Erwartungen verfestigen, was die Erfahrungen und Herausforderungen der Pubertät für jedes Geschlecht einzigartig macht. Mädchen werden häufig mit Erwartungen in Bezug auf Verhalten, Aussehen und Sexualität konfrontiert, während Jungen lernen, mit Erwartungen in Bezug auf Stärke, Erfolg und emotionale Entwicklung umzugehen.

Zusammenfassung

Die Pubertät ist eine Phase intensiver Veränderungen für beide Geschlechter, sowohl körperlich als auch psychisch. Während Mädchen mit der Menstruation und den damit verbundenen Herausforderungen konfrontiert sind, erleben Jungen Stimmbruch und körperliche Veränderungen. Beide Geschlechter durchleben emotionale Schwankungen, obwohl dies bei Jungen möglicherweise weniger sichtbar ist. Die soziale Identitätsentwicklung wird von Geschlechterstereotypen und gesellschaftlichen Erwartungen beeinflusst, was zu Konflikten und Unsicherheiten führen kann. Kulturelle Normen prägen die Erfahrungen der Pubertät und formen Geschlechterrollen.

3 - Psychologische Grundlagen bei Mädchen in der Pubertät

Die Pubertät ist eine Zeit tiefgreifender psychologischer Veränderungen, die dich als Mädchen nicht nur körperlich, sondern auch geistig und emotional in eine neue

Lebensphase katapultiert. Diese Veränderungen sind tiefgreifend und betreffen jeden Aspekt deines Seins, formen deine Persönlichkeit und deine Art, die Welt und dich selbst wahrzunehmen.

Kaleidoskop der Gefühle:
Während du durch die Pubertät gehst, erlebst du eine Vielzahl von intensiven Emotionen. Freude, Trauer, Wut und Begeisterung können sich innerhalb kürzester Zeit abwechseln.

Diese emotionale Achterbahnfahrt wird oft durch die turbulenten hormonellen Veränderungen in deinem Körper verstärkt. Doch nicht nur die Hormone spielen eine Rolle. Diese Phase ist auch geprägt von dem Streben, deine eigene Identität zu finden und zu definieren.

Mädchen beginnen, sich intensiver mit sich selbst auseinanderzusetzen, sich zu hinterfragen und auch selbst zu kritisieren. Die Suche nach der eigenen Identität steht im Mittelpunkt dieser Entwicklungsphase und kann oft zu Konflikten mit der Außenwelt führen, sei es in der Familie, in der Schule oder im Freundeskreis.

Der Druck der Gleichaltrigengruppe:

Gleichaltrige spielen in dieser Zeit eine immer wichtigere Rolle. Die Meinung der Freunde gewinnt an Bedeutung, während die der Eltern in den Hintergrund tritt. Die Zugehörigkeit zu einer Gruppe und die Anerkennung durch Gleichaltrige werden zu einem zentralen Anliegen. Dies kann auch dazu führen, dass du dich unter Druck gesetzt fühlst, dich in einer bestimmten Weise zu verhalten oder zu kleiden, um akzeptiert zu werden. Soziale Medien verstärken diesen Druck, indem sie häufig ein verzerrtes Bild der Realität vermitteln und den Vergleich mit anderen fördern. Dies kann zu Unsicherheit und geringem Selbstwertgefühl führen, wenn du das Gefühl hast, nicht mithalten zu können oder anders zu sein.

Entdeckung der eigenen Sexualität:

Ein weiterer wichtiger Aspekt der Pubertät ist die Entdeckung und Auseinandersetzung mit deiner eigenen Sexualität. Das Erwachen sexueller Gefühle kann verwirrend und aufregend zugleich sein. Du beginnst, dich für das andere oder sogar das gleiche Geschlecht zu interessieren, was viele Fragen und manchmal auch Ängste mit sich bringt. Die Auseinandersetzung mit diesen neuen Gefühlen ist ein wichtiger Teil deiner Entwicklung, kann aber auch zu Verwirrung und Konflikten führen, insbesondere wenn dein Umfeld nicht unterstützend und offen ist.

Auf der Suche nach Autonomie:

Die Pubertät ist auch die Zeit, in der du anfängst, nach mehr Unabhängigkeit und Autonomie zu streben. Dies zeigt sich nicht nur im Wunsch, deine Kleidung selbst auszusuchen oder deine Freizeit selbst zu gestalten, sondern auch darin, eigene Meinungen zu formulieren und Autoritäten infrage zu stellen. Dein Drang nach Selbstbestimmung ist ein natürlicher und wichtiger Schritt auf dem Weg zum Erwachsenwerden, der jedoch oft zu Konflikten in der Familie führt. Plötzlich stehen Eltern vor der Herausforderung, ihre heranwachsenden Kinder loszulassen und ihnen gleichzeitig Halt und Orientierung zu geben.

Der Körper im Fokus:

Nicht zuletzt steht dein eigener Körper im Mittelpunkt der Veränderungen. Die körperliche Entwicklung in der Pubertät wird oft kritisch und mit Unsicherheit betrachtet. Du vergleichst dich möglicherweise mit Gleichaltrigen oder mit oft unrealistischen Idealen aus den Medien. Dies kann zu einem verzerrten Körperbild und Unzufriedenheit führen. Es ist eine Zeit, in der dein Selbstwertgefühl stark von der Akzeptanz deines eigenen Körpers abhängen kann.

Zusammenfassung

Die Pubertät ist eine Zeit tiefgreifender Veränderungen für Mädchen, die sie körperlich, geistig und emotional in eine neue Lebensphase katapultiert. Die intensiven Emotionen, die während dieser Phase auftreten, werden durch hormonelle Veränderungen verstärkt und stehen im Einklang mit der Suche nach Identität und Selbstdefinition. Gleichaltrige spielen eine entscheidende Rolle, da der Druck, akzeptiert zu werden, sowohl persönlich als auch durch soziale Medien verstärkt wird. Die Entdeckung der eigenen Sexualität und der Drang nach Autonomie sind weitere prägende Aspekte der Pubertät. Nicht zuletzt steht der eigene Körper im Fokus, was zu Selbstzweifeln und Unsicherheiten führen kann. Insgesamt ist die Pubertät eine Zeit der Herausforderungen und des persönlichen Wachstums für Mädchen.

In den weiteren Kapiteln werden wir die Themen genauer beschreiben.

4 - Hormonelle Veränderungen

in der Pubertät

Wichtige Hormone

Neben Östrogen gibt es noch andere Hormone, die während der Pubertät eine wichtige Rolle spielen:

Progesteron: Arbeitet eng mit Östrogen zusammen, um den Menstruationszyklus zu regulieren und die Gebärmutterschleimhaut aufrechtzuerhalten.

Testosteron: Obwohl es oft als männliches Hormon angesehen wird, spielt Testosteron auch bei Frauen eine Rolle, insbesondere bei der Regulierung der Muskelmasse und der Knochenstärke sowie bei der Beeinflussung des Sexualtriebs.

Wachstumshormone: Sie sind entscheidend für die Wachstumsschübe, die während der Pubertät auftreten. Diese Hormone stimulieren das Knochenwachstum und tragen zum gesamten Körperwachstum bei.

Körperliche Entwicklung:

Zwischen dem neunten und zehnten Lebensjahr setzt bei den Mädchen in der Pubertät eine wichtige körperliche Entwicklung ein. Der Wachstumsschub ist sehr deutlich bemerkbar. Oft wird die Pubertät sogar durch einen Wachstumsschub eingeläutet.

Auch Mädchen schießen nicht selten während der Pubertät plötzlich in die Höhe. In wenigen Monaten können die Kinder mehrere Zentimeter wachsen, was nicht selten auch zu Gelenk- und Knochenschmerzen führen kann. Bei Mädchen ist das Wachstum der Brust besonders deutlich. Der Busen formt sich und die Vagina entwickelt sich. Das liegt an im Gehirn freigesetzten Hormonen, die sogenannten Gonadotropin-Releasing-Hormonen.

Diese Hormone setzen die Geschlechtshormone in Gang, die dafür sorgen, dass das Brustgewebe wächst, sich Milchdrüsen in der Brust bilden, die Brustwarzen wachsen und das Volumen der Brust deutlich zunimmt.

23

In den folgenden Jahren durchläuft die Brust
verschiedene Wachstumsphasen.

Diese Entwicklung verläuft nicht immer symmetrisch; es
ist völlig normal, dass eine Brust schneller wächst als
die andere. Während dieser Zeit kann es zu
Spannungsgefühlen oder Berührungsempfindlichkeit
kommen, was ein normaler Teil des
Wachstumsprozesses ist. In dieser Zeit sollten Mütter
mit ihren Töchtern den ersten BH oder ein Bustier
kaufen. Aber auch das Becken verändert sich. Das
Becken wird etwas breiter, was oft zu kneifenden oder
unpassenden Hosen führt.

Die Beckenstellung verändert sich, um den Körper für
eine mögliche Schwangerschaft und die Austragung
eines Kindes vorzubereiten. Auch bildet sich an der
Hüfte mehr Fettgewebe. Viele Mädchen stellen das mit
„dick werden" auf eine Stufe. Das hat damit aber rein
gar nichts zu tun. Ähnlich wie bei Jungs wachsen bei
pubertierenden Mädchen nun auch Scham- und
Achselhaare. Eine wichtige körperliche Veränderung,
die ein wichtiges Merkmal für die Pubertät ist, ist die
erste Periode.

Denn auch im Körperinneren verändert sich einiges: So
wachsen zum Beispiel die Eierstöcke und die Eileiter.
Nach dem ersten Eisprung setzt dann die erste
Regelblutung ein. Diese Phase ist für viele Mädchen
beängstigend und neu. Rat und Tat einer beiseite

stehenden Mutter sind hier sehr wichtig, um den Mädchen diese Scheu zu nehmen.

Mit der ersten Periode ist die Geschlechtsreife eingetreten. Aus den kleinen Mädchen sind nun junge Frauen geworden. Übrigens ist sechs bis zwölf Monate vor der ersten Periode der sogenannte Weißfluss(Leukorrhoe). Ein Anzeichen für den Beginn der Pubertät. Durch das Hormon Östrogen wird das Scheidengewebe befeuchtet und es kommt zur Absonderung einer weißlichen Flüssigkeit (Flor) vom Muttermund.

Diese Absonderung nennt man Weißfluss, der sich im Slip als brüchiger, weißer Film zeigt. Zwei bis drei Jahre nach der ersten Periode tritt langsam ein Zyklus ein. Das heißt, die Periode setzt regelmäßig und immer zu einer bestimmten Zeit ein. Das ist ein Zeichen dafür, dass sich Scheide sowie Gebärmutter vollständig gebildet haben. Die sogenannte psychosexuelle Reife kommt meist erst nach der körperlichen Geschlechtsreife.

Die Mädchen brauchen oft längere Zeit, um sich mit ihrer Sexualität auseinanderzusetzen, sie zu akzeptieren und mit der körperlichen Veränderung klarzukommen. Bei der Ausprägung und dem Verlauf der Pubertät spielen verschiedene Faktoren eine Rolle.

Dazu gehören nicht nur genetische Gegebenheiten, sondern auch die Ernährung, die geistige und körperliche Gesundheit des Mädchens sowie Umweltfaktoren.

Zum Beispiel ist belegt, dass Mädchen mit einem höheren Fettanteil im Körper schneller in die Pubertät kommen und ihre erste Regelblutung einsetzen.

Die Östrogene erhalten erst ab ungefähr 40 Kilogramm Körpergewicht den Befehl, aktiv zu werden. Je schwerer das Kind ist, desto eher sorgen die Östrogene für die Bildung der Geschlechtsreife und somit für die erste Regelblutung. Auch wenn die Pubertät bei den Kindern unterschiedlich beginnt und ausgeprägt ist, sollte wohl klar sein, dass der gesamte Prozess sowohl körperlich als auch geistig viel Arbeit für das Kind bedeutet. Als Kind nimmt man seinen Körper noch nicht so genau wahr.

Er ist etwas Selbstverständliches. Mit der Pubertät ändert sich plötzlich alles und die Kinder sind gezwungen, sich mit sich und ihrem Körper auseinanderzusetzen. Das ist durchaus harte Arbeit und macht auch der Psyche ordentlich zu schaffen.

Nochmal in der Übersicht

Brustentwicklung:

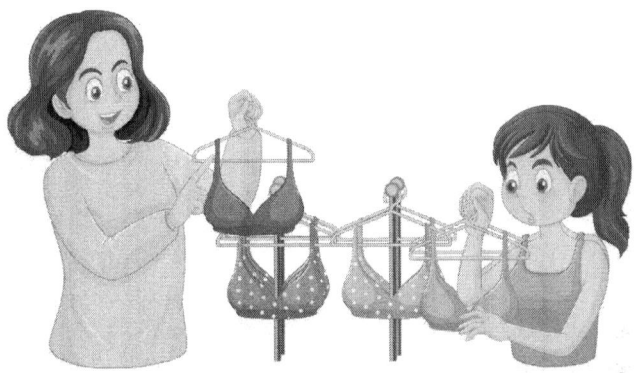

Wenn deine Brüste während der Pubertät zu wachsen beginnen, ist das normal und ein Zeichen dafür, dass dein Körper sich entwickelt. Diese Veränderung kann aufregend, aber auch verwirrend sein. Du könntest dich fragen, ob deine Brüste "normal" aussehen, ob sie zu schnell oder zu langsam wachsen oder ob sie zu groß oder zu klein sind. Es ist wichtig zu verstehen, dass Brüste in vielen Formen und Größen vorkommen und dass es kein "richtiges" Aussehen gibt.

Während des Brustwachstums können verschiedene Phasen auftreten. Anfangs können sich kleine Knoten unter deinen Brustwarzen bilden, was als Knötchenbildung bekannt ist. Diese Knoten können zunächst schmerzhaft sein, aber das ist normal und wird im Laufe der Zeit nachlassen. Dann beginnen sich deine Brüste allmählich zu formen und zu wachsen.

Es ist möglich, dass eine Brust schneller wächst als die andere, aber in den meisten Fällen gleichen sie sich mit der Zeit aus. Es ist wichtig, einen passenden BH zu tragen, der dir Komfort und Unterstützung bietet. BHs gibt es in verschiedenen Stilen und Größen, und es kann eine Weile dauern, bis du den perfekten BH für dich findest. Du könntest dich an einen Fachverkäufer wenden, der dir beim Messen und Auswählen eines BHs helfen kann.

Es ist auch normal, dass deine Brüste empfindlicher werden, wenn sie wachsen. Du könntest feststellen, dass sie vor deiner Periode oder während deiner Periode besonders zart sind. Das ist auf hormonelle Veränderungen zurückzuführen und normalerweise nichts, worüber du dir Sorgen machen musst. Wenn die Schmerzen jedoch stark oder langanhaltend sind, könntest du mit deinen Eltern oder einem Arzt darüber sprechen.

Denke daran, dass deine Brüste ein wichtiger Teil deines Körpers sind und dass es völlig normal ist, Fragen oder Bedenken zu haben. Es ist hilfreich, mit deinen Eltern, Geschwistern oder anderen vertrauenswürdigen Erwachsenen darüber zu sprechen. Sie können dir dabei helfen, dich über diese Veränderungen zu informieren und dir Unterstützung zu bieten, während du dich an dein neues Körperbild gewöhnst.

Menstruation:

Wenn du deine erste Periode bekommst, kann das zunächst überraschend sein, aber es ist ein natürlicher Teil des Erwachsenwerdens. Die Menstruation ist ein monatlicher Prozess, bei dem sich die Gebärmutterschleimhaut abbaut, was zu Blutungen führt. Dieser Zyklus dauert normalerweise etwa 28 Tage, kann aber von Person zu Person variieren.

Die Menstruation ist ein Zeichen dafür, dass dein Körper bereit ist, Kinder zu bekommen, aber das bedeutet nicht, dass du schon bereit bist, Mutter zu werden. Es ist wichtig zu verstehen, dass die Menstruation normal und gesund ist. Du kannst Menstruationsprodukte wie Tampons oder Binden verwenden, um während dieser Zeit sauber und bequem zu bleiben.

Es ist normal, dass deine Menstruation in den ersten Jahren unregelmäßig ist, während sich dein Körper an diesen neuen Prozess anpasst. Du könntest auch erleben, dass deine Stimmungsschwankungen während deiner Periode, was ebenfalls normal ist.

29

Es ist wichtig, auf deinen Körper zu hören und für dich selbst zu sorgen, während du dich an diese Veränderungen gewöhnst. Wenn du Fragen hast oder dich unwohl fühlst, kannst du dich jederzeit an deine Eltern oder einen Arzt wenden, um Unterstützung zu erhalten.

Einige Tipps bei Regelschmerzen:

1. Wärme: Eine Wärmflasche oder ein warmes Bad können helfen, die Muskeln im Unterleib zu entspannen und die Schmerzen zu lindern.

2. Entspannungstechniken: Entspannungsübungen wie tiefe Bauchatmung, Yoga oder Meditation können dazu beitragen, Stress abzubauen und die Schmerzen zu reduzieren.

3. Leichte Bewegung: Ein sanftes Training wie Spazierengehen oder Schwimmen kann die Durchblutung fördern und Endorphine freisetzen, die als körpereigene Schmerzmittel wirken.

4. Gesunde Ernährung: Eine ausgewogene Ernährung mit viel Obst, Gemüse, Vollkornprodukten und magerem Eiweiß kann Entzündungen im Körper reduzieren und die Symptome von Menstruationsschmerzen lindern.

5. Kräutertees: Manche Kräutertees wie Ingwer- oder Kamillentee können entzündungshemmende und krampflösende Eigenschaften haben und so zur Linderung von Menstruationsschmerzen beitragen.

Es ist wichtig zu beachten, dass nicht alle Methoden bei jedem gleich wirken, daher kann es hilfreich sein, verschiedene Ansätze auszuprobieren, um herauszufinden, was am besten für dich funktioniert. Wenn die Schmerzen jedoch schwerwiegend sind oder länger als üblich anhalten, solltest du einen Arzt aufsuchen, um eine angemessene Behandlung zu erhalten.

Wachstumsschübe:

Wachstumsschübe sind Phasen, in denen dein Körper schnell wächst und sich verändert. Diese Schübe sind besonders während der Pubertät häufig, da dein Körper in  dieser Zeit viele Veränderungen durchläuft, um sich auf das Erwachsenenalter vorzubereiten.

Während dieser Wachstumsphasen können verschiedene Teile deines Körpers, wie beispielsweise Arme, Beine und der Rumpf, schnell an Länge zunehmen. Die Ursache für diese Wachstumsschübe liegt im Anstieg bestimmter Hormone, wie zum Beispiel Wachstumshormone und Sexualhormone, die während der Pubertät vermehrt ausgeschüttet werden.

Diese Hormone stimulieren das Wachstum von Knochen, Muskeln und anderen Geweben, was zu einem schnellen Wachstum führen kann.
Während Wachstumsschübe normalerweise schmerzlos sind, können sie gelegentlich auch mit Beschwerden wie Muskel- oder Gelenkschmerzen einhergehen.
Dies wird oft als "Wachstumsschmerzen" bezeichnet und ist eine normale Reaktion deines Körpers auf das schnelle Wachstum.

Wachstumsschübe sind ein natürlicher Teil des Heranwachsens und zeigen, dass dein Körper gesund heranwächst. Es ist wichtig, während dieser Phasen auf deinen Körper zu hören, ausreichend zu schlafen, dich ausgewogen zu ernähren und regelmäßig Sport zu treiben, um dein Wachstum bestmöglich zu unterstützen.

Körperbehaarung:

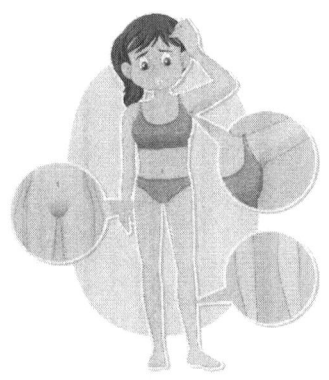

Körperbehaarung ist ein natürlicher Teil des Erwachsenwerdens, bei dem sich Haare an verschiedenen Stellen des Körpers entwickeln. Während der Pubertät beginnen Hormone, wie beispielsweise Testosteron bei Jungen und Östrogen bei Mädchen, die Haarfollikel zu stimulieren, was zu einem verstärkten Haarwuchs führt. Bei Jungen tritt oft zuerst eine vermehrte Behaarung im Gesicht, an der Brust, im Bereich der Achseln und im Schambereich auf. Mädchen entwickeln normalerweise zuerst feinere und dünnere Haare an den Armen, Beinen und im Schambereich.

Die Entwicklung der Körperbehaarung ist individuell und kann je nach genetischer Veranlagung und Hormonhaushalt variieren. Einige Mädchen können früher und stärker behaart sein als andere.
Die Körperbehaarung ist ein normaler und natürlicher Teil des Heranwachsens und dient verschiedenen Zwecken, wie zum Beispiel dem Schutz vor äußeren Einflüssen und der Regulation der Körpertemperatur. Es ist wichtig zu verstehen, dass die Entwicklung der Körperbehaarung ein natürlicher Prozess ist und kein Grund zur Besorgnis besteht.

Es ist jedoch normal, dass Mädchen sich in dieser Zeit unsicher über ihre Körperbehaarung fühlen können. Es gibt verschiedene Methoden zur Haarentfernung, wie zum Beispiel Rasieren, Wachsen oder Epilieren, aber es ist wichtig, diese Entscheidung bewusst zu treffen und darauf zu achten, den eigenen Körper zu respektieren und zu akzeptieren, wie er ist.

Veränderung der Haut:

Während der Pubertät unterliegt deine Haut vielen Veränderungen aufgrund hormoneller Umstellungen im Körper. Diese Veränderungen können sich auf

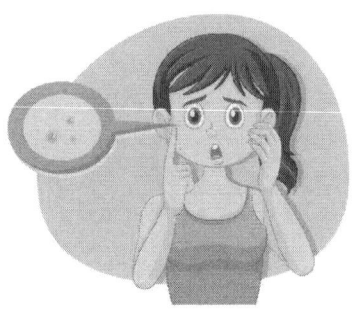 verschiedene Weisen manifestieren und sind oft ein normaler Teil des Heranwachsens. Eine der häufigsten Veränderungen ist die vermehrte Produktion von Talg durch die Talgdrüsen der Haut. Dies kann zu einer erhöhten Fettigkeit der Haut führen und das Auftreten von Mitessern und Pickeln begünstigen. Diese Hautunreinheiten treten oft im Gesicht, auf dem Rücken und der Brust auf und können für Mädchen belastend sein. Ein weiterer Effekt der hormonellen Veränderungen ist die erhöhte Empfindlichkeit der Haut.

Dies kann dazu führen, dass die Haut empfindlicher auf äußere Reize reagiert, wie zum Beispiel Sonneneinstrahlung oder bestimmte Hautpflegeprodukte. Einige Mädchen entwickeln während der Pubertät auch Hauterkrankungen wie Akne oder Ekzeme. Diese können das Selbstbewusstsein beeinträchtigen und zusätzlichen Stress verursachen. Es ist wichtig, während der Pubertät eine gute Hautpflege-Routine zu entwickeln, die auf die individuellen Bedürfnisse der Haut abgestimmt ist. Dazu gehören das regelmäßige Reinigen der Haut, die Verwendung von feuchtigkeitsspendenden Produkten und Sonnenschutz.

Es ist auch ratsam, auf eine ausgewogene Ernährung zu achten und ausreichend Wasser zu trinken, da dies die Gesundheit der Haut unterstützen kann. Bei schweren Hautproblemen ist es ratsam, einen Dermatologen aufzusuchen, der individuelle Behandlungsmöglichkeiten empfehlen kann.

Veränderung der Körperkonturen:

Während deiner Pubertät wirst du bemerken, dass sich deine Körperkonturen und Proportionen verändern. Diese Veränderungen werden durch Hormonschwankungen und das Wachstum von Knochen und Muskeln beeinflusst.

Bei Mädchen treten typischerweise Veränderungen wie die Entwicklung der Brüste und die Ausbildung der Hüften auf. Diese Veränderungen sind Teil des natürlichen Prozesses der körperlichen Entwicklung und dienen dazu, deinen Körper auf die Fortpflanzungsfähigkeit vorzubereiten.

Es ist wichtig zu verstehen, dass diese Veränderungen individuell und unterschiedlich ausgeprägt sein können. Einige Mädchen erleben sie früher oder intensiver als andere. Es ist auch normal, sich während dieser Phase unsicher über die Veränderungen des eigenen Körpers zu fühlen. Deine Eltern können dir dabei helfen, dich während dieser Zeit unterstützt und akzeptiert zu fühlen, indem sie dir Raum für Fragen und Gespräche bieten und ein positives Körperbild fördern.

Es ist auch wichtig zu wissen, dass Veränderungen des Körperbildes Teil des normalen Wachstumsprozesses sind und dass du dich nicht allein fühlen musst.

Zusammenfassung

Die Pubertät bei Mädchen beginnt in der Regel zwischen dem 9. und 10. Lebensjahr und wird durch hormonelle Signale aus dem Gehirn ausgelöst, die zur Ausschüttung von Geschlechtshormonen führen. Dies führt zu körperlichen Veränderungen wie Wachstumsschüben, Brustentwicklung, Verbreiterung des Beckens und Zunahme des Fettgewebes sowie zum Wachstum von Scham- und Achselhaaren. Ein einschneidendes Ereignis ist die Menarche, die erste Regelblutung, die die Geschlechtsreife symbolisiert. Diese Phase ist nicht nur durch körperliche, sondern auch durch tiefgreifende seelische Veränderungen gekennzeichnet.

5 - Psychische Merkmale in der Pubertät

Als Mädchen findest du es aufregend und herausfordernd, erwachsen zu werden. In deinem Kopf kämpfen zwei Welten miteinander: die kindliche, die das Einfache schätzt, und die erwachsene, die die Aufregung des Neuen genießt. Doch wie wirkt sich das auf deine Gefühlswelt aus und was ändert sich fortan am Sozialverhalten und am Verhalten gegenüber den eigenen Eltern?

Gerade du hast oft mit den Herausforderungen der Pubertät zu kämpfen. In der einen Minute benimmst du dich wie ein kleiner Engel und in der nächsten bist du schon unabhängiger und rebellischer.

Aber warum ist die Pubertät für dich so schwierig, vor allem in Bezug auf Emotionen und Gefühle?

Die Antwort liegt auf der Hand:

Du bist von Geburt an ein emotionales, sensibles Wesen. Du darfst deine Emotionalität auch zeigen. Wenn du beginnst, deine weibliche Identität zu entdecken, erlebst du eine Zeit voller Veränderungen und Herausforderungen. Besonders in der heutigen Zeit sind die verfügbaren Vorbilder und Rollenmodelle nicht klar definiert. Du kannst dich an verschiedenen Einflüssen und Idealen orientieren. Auch wenn es Vorbilder gibt, vermitteln sie oft unterschiedliche oder sogar widersprüchliche Botschaften.

Es gibt Frauen, die erfolgreich in Männerdomänen arbeiten und für Gleichberechtigung und Emanzipation kämpfen. Häufig haben diese Frauen, wie z.B. Fußballerinnen oder Pilotinnen, keine traditionelle Familienstruktur. Die Anforderungen ihres Berufs lassen oft wenig Raum für Familienzeit oder erschweren die Vereinbarkeit von Beruf und Familie. Dies kann dich verunsichern und dir den Eindruck vermitteln, dass es schwierig ist, Karriere und Familie zu vereinbaren.

Es gibt auch Frauen, die sich bewusst für eine traditionelle Familienrolle entscheiden und sich hauptsächlich um die Familie kümmern. Sie setzen ihre Prioritäten auf Kindererziehung und Haushalt und verzichten möglicherweise auf eine außerhäusliche berufliche Karriere.

Diese Entscheidung kann auch Unsicherheit auslösen und den Eindruck vermitteln, dass es schwierig ist, persönliche Ziele und familiäre Verantwortung miteinander in Einklang zu bringen.

Auch im wahren Leben siehst du in der Regel Frauen, die entweder Hausfrauen sind und sich um die Familie kümmern oder die zwischen Beruf und Familie jonglieren und dadurch mehr Stress haben. Keine der vorhandenen Vorbilder, die du im Teenageralter beobachten kannst, ist somit wirklich perfekt. Auch das, was dir in den Medien vorgelebt wird, ist wenig realistisch. Im Internet, Fernsehen, in Zeitschriften oder Musikclips siehst du immer nur perfekt gestylte, superschlanke Frauen.

Der Fokus liegt nicht auf dem Charakter dieser Personen, sondern allein auf deren Optik. Für dich gibt es dadurch ein Bild von einer perfekten Frau, die es so aber nicht gibt. Gerade in der Pubertät sind Mädchen anfälliger für solche Oberflächlichkeiten. Besonders der ständige Schönheits- und Schlankheitswahn können die Jugendlichen sogar krank machen. Der vermeintlich perfekte Körper kann Mädchen in Identitätskrisen, aber auch in Krankheiten wie Magersucht und Bulimie treiben. Das, worauf es wirklich ankommt, die eigenen Fähigkeiten und der Charakter verschwinden im Hintergrund oder werden sogar abgewertet.

Identitätskrisen treten deshalb so häufig bei Mädchen in der Pubertät auf, weil sie es einfach schwer haben, alle Veränderungen und Entwicklungen unter einen Hut zu bekommen. Da sind zum einen die körperlichen Veränderungen und der Übergang zum »Frau werden«, mit dem du noch lernen musst umzugehen.

Auf der anderen Seite ist die Reise, deine eigene Identität zu entdecken, deine Stärken und Schwächen zu finden und die Anerkennung von anderen zu suchen, ein herausfordernder Pfad. Deine Eltern machen sich bestimmt mehr Gedanken über diese emotionalen Veränderungen als über die körperlichen. Deine Stimmung kann von einem auf den anderen Moment kippen. In einem Moment könntest du emotional, wütend oder ängstlich reagieren und im nächsten Moment bist du wieder die gleiche wie zuvor. Aber sei versichert: Diese Stimmungsschwankungen und die Fülle an Emotionen sind völlig normal, und es ist wichtig, dass du sie ausleben kannst, ohne dafür ständig kritisiert zu werden.

Die Phase der Pubertät ist entscheidend, damit du dich selbst entdecken und deine eigene Identität formen kannst. Eltern müssen lernen, die Stimmungs-schwankungen, die Aufsässigkeit oder die Rückzüge ihrer Töchter zu akzeptieren und damit umzugehen. Nur so können sie ihren Töchtern helfen, denn nichts ist wichtiger, als deine Persönlichkeit zu entwickeln.

Deine Persönlichkeit ist wegweisend für deine Zukunft.

Während der Pubertät bist du oft hin- und hergerissen zwischen dem Wunsch nach Unabhängigkeit und dem Bedürfnis, noch ein Kind zu sein. Eltern sollten in dieser Phase geduldig sein, zuhören und klare Grenzen setzen, ohne dabei die Verbindung zu ihrer Tochter zu verlieren.

Für beide Seiten ist es wichtig, geduldig, ruhig und gelassen zu bleiben. Gleichzeitig sind klare Grenzen und Regeln unabdingbar. In der Pubertät musst du mehr denn je lernen, dass solche Regeln und bestimmte Abläufe zum Erwachsenwerden dazugehören.

Versuche, etwas mehr Verständnis für die Entscheidungen deiner Eltern zu entwickeln und zeige es ihnen auch. Wenn du in der Pubertät ständig unsicher und zweifelnd bist, solltest du von deinen Eltern Sicherheit und Stabilität bekommen, damit du dich vollkommen entfalten kannst.

Übrigens: Forscher haben herausgefunden, dass in der Pubertät ganz andere Hirnareale in deinem Kopf aktiv sind als bei Erwachsenen.

Das zeigt auch, wie unterschiedlich das Gehirn von Jugendlichen und Erwachsenen funktioniert. Bei Jugendlichen ist die Amygdala, der Teil des Gehirns, der für emotionale Reaktionen zuständig ist, besonders aktiv.

Hier werden Entscheidungen schnell und impulsiv getroffen, oft geleitet von starken Gefühlen. Im Gegensatz dazu ist bei Erwachsenen der frontale Kortex, der für rationale Entscheidungen zuständig ist, stärker aktiviert. Hier werden Entscheidungen langsamer und gründlicher überlegt getroffen.

Das zeigt, dass du in der Pubertät einfach noch nicht so weit bist, deine Gefühle und Emotionen richtig einzuordnen und angemessen darauf zu reagieren. Dein Gehirn durchläuft einen tiefgreifenden Entwicklungsprozess, der dir zwar neue Fähigkeiten vermittelt, dich aber auch vor Herausforderungen stellt.

Zusammenfassung

In der Pubertät machst du als Mädchen viele emotionale Veränderungen durch. Du kämpfst mit dem Übergang von der Kindheit zum Erwachsensein und bist gleichzeitig auf der Suche nach deiner eigenen Identität. Die Gesellschaft bietet widersprüchliche Vorbilder und Rollenmodelle, die den Druck auf dich erhöhen können, insbesondere in Bezug auf Schönheitsideale und Karriereerwartungen. Dies kann zu Identitätskrisen und sogar zu ernsthaften psychischen Problemen wie Essstörungen führen. Es ist wichtig, dass deine Eltern deine Stimmungsschwankungen akzeptieren und dir Sicherheit geben, während du dich in dieser Phase entwickelst. Die Pubertät ist eine entscheidende Zeit für die Entwicklung deiner Persönlichkeit, aber auch eine Zeit der Konflikte mit deinen Eltern, da du nach Autonomie strebst. Geduld und Verständnis sind wichtig, um diese Phase gemeinsam zu durchleben. In dieser Zeit funktioniert dein Gehirn anders als das eines Erwachsenen, was zu impulsivem Verhalten führen kann. Es ist wichtig zu verstehen, dass du erst noch lernen musst, angemessen auf deine Gefühle zu reagieren.

6 - *Empathie verstehen und lernen*

Empathie ist ein wichtiges Thema in der Pubertät, sowohl für die Mädchen als auch für die Eltern. Aber was genau ist Empathie überhaupt? Kann man sie erlernen und wenn ja, worauf kommt es an? Für den

Begriff Empathie gibt es verschiedene Definitionen, weil er sehr vielseitig ist und unterschiedlich interpretiert werden kann. Im Prinzip beschreibt Empathie aber die Fähigkeit, die Gefühle anderer wahrzunehmen. Wir unterscheiden hier zwischen kognitiver und emotionaler Empathie.

Wer kognitiv empathisch ist, nimmt zwar die Emotionen und Gefühle seines Gegenübers wahr, fühlt aber nicht wirklich mit. Bei der emotionalen Empathie hingegen nimmt man sich der Gefühle seines Gegenübers auch an, das heißt, man entwickelt Mitleid oder Mitgefühl. In der Pubertät ist es unglaublich wichtig, dass die Eltern Empathie entwickeln. Natürlich wissen die meisten Erwachsenen nicht mehr, wie es war, als sie selbst in der Pubertät feststecken. Aber wenn sie sich ins Gedächtnis rufen, dass sie diese Phase auch schon erlebt haben, könnten sie mehr Empathie für ihre Töchter entwickeln. Fakt ist: Die Pubertät ist normal und sie gehört zur Entwicklung der Töchter dazu, ob man das nun möchte oder nicht. Die Kinder haben sich diese Entwicklungsphase auch nicht ausgesucht und sind machtlos gegen die Pubertät.

Wenn Sie als Elternteil genügend Mitgefühl für Ihre Tochter haben, hilft das nicht nur Ihrem Sprössling, sondern auch Ihnen, gelassener damit umzugehen. Alles, was in der Pubertät gesagt oder getan wird, meint Ihr Kind nicht persönlich. Zudem erfüllen Sie eine wichtige Vorbildfunktion für Ihr Kind. Denn Jugendliche besitzen in der Pubertät so gut wie keine Empathie. Sie müssen sich ja auch voll und ganz auf sich selbst konzentrieren.

Es bleibt selten Zeit, sich auch noch mit den Befindlichkeiten anderer auseinanderzusetzen. Das ist aber keine böse Absicht.

Umso wichtiger ist es, wenn die Eltern Empathie entwickeln und ihren Kindern zeigen, wie es geht. Empathie heißt in Zusammenhang mit der Pubertät nämlich vor allem eins: Vertrauen, Verständnis und Liebe.

Die Eltern zeigen durch Empathie, dass sie ihre Kinder auch in schwierigen Phasen begleiten und lieben. Da die Empathie ein wichtiger Baustein bei zwischenmenschlichen Beziehungen ist, kann sie die verschiedenen Parteien auch einander näherbringen. Fehlt es Eltern an Empathie, führt das über kurz oder lang zum Bruch mit ihren Kindern. Aber ist Empathie überhaupt erlernbar? Zum Teil ist das Empathievermögen beim Menschen angeboren. Allerdings braucht es Erfahrung, Übung und Achtsamkeit, um Empathie auszubauen und zu erhalten. Der Grundstein dafür, wie viel Empathie ein Mensch besitzt, wird in der Regel bereits in der Kindheit gelegt, indem es die Eltern vorleben und lehren. Erlebt das Kind verständnisvolle, sensible und aufmerksame Eltern oder andere Bezugspersonen, entwickelt es selbst ein entsprechend starkes Empathievermögen.

Wachsen Kinder hingegen mit Gewalt oder mangelnder Zuneigung auf, entwickeln auch sie nur wenig Empathie gegenüber anderen. Halten wir fest: Statt Machtkämpfen zwischen Eltern und pubertierenden Töchtern, ist Mitgefühl wesentlich effektiver und heilsamer.

Empathie stärkt in der Pubertät das Selbstbewusstsein der Tochter, schafft einen engeren Zusammenhalt und Harmonie in der Familie. Um empathischer zu werden, können Eltern sich an ganz einfache Tipps halten. Sie sollten in erster Linie achtsamer gegenüber ihren Töchtern werden, das heißt, besser zuhören und das Kind in seiner gesamten Gestalt wahrnehmen.

Das betrifft vor allem das bewusste Zuhören. Damit einher geht auch das Zeigen von Interesse. Eltern können offene, aber gezielte Fragen stellen, um ihr Interesse am Leben der Tochter zu verdeutlichen. Dadurch entstehen intensivere, aufschlussreiche und offene Gespräche zwischen Eltern und Kind. Auch das Zeigen von Emotionen hilft dabei, empathischer zu werden. Wer emotional kommuniziert, zeigt anhand der Körpersprache, dass Mitgefühl da ist.

Wenn die Tochter zum Beispiel traurig ist, nehmen Sie sich einfach in den Arm oder streicheln Sie sie über den Kopf. Solche Gesten zeigen gerade Kindern oft mehr Verständnis und Halt, als Worte es je könnten. Treten trotzdem Konflikte auf – und das wird in der Pubertät nicht vermeidbar sein.

Sollte man als Elternteil etwas gelassener werden, das heißt, nehmen Sie sich Zeit und versuchen Sie auch, die Position Ihrer Tochter zu verstehen. Sehen Sie den Konflikt einmal aus den Augen Ihres Kindes.

Dieser Ansatz kann zu mehr Harmonie und auch zu Lösungen des Problems führen. Hierbei spielt auch das Sprichwort „Wie du mir, so ich dir" eine tragende Rolle.

Lassen Sie sich eher auf Kompromisse ein und sehen Sie Probleme auch mal mit den Augen Ihres Kindes, wird Ihre Tochter ebenfalls einfacher Kompromisse eingehen, statt Machtkämpfe auszufechten. Denn pubertierende Jugendliche möchten ernst genommen und verstanden werden. Empathie hat dadurch auch viel mit gegenseitigem Respekt zu tun. Schieben Sie nicht alle Emotionen immer nur auf die Pubertät. Oftmals steckt für die Teenager mehr dahinter. Reagieren Sie als Elternteil verständnisvoller, sind auch die Töchter offener für Ihre Hilfe und Ratschläge.

Wie werden Kinder zu glücklichen, seelisch gesunden Erwachsenen? Alle Eltern wünschen sich doch, dass ihr Kind zu einem gesunden, seelisch starken und glücklichen Erwachsenen heranwächst. Bei dieser Entwicklung können Eltern helfen, auch mit Hilfe von Empathie. Denn diese führt früher oder später zu einer festen Bindung und Beziehung zwischen Eltern und Kindern. Fundamental ist daher auch Vertrauen. Viele Eltern folgen dem Weg, dass sich das Kind erst ihr Vertrauen verdienen soll. Das ist falsch. Wenn das so richtig wäre, müssten Kinder und Jugendliche sich immer an die Regeln der Eltern halten und könnten dadurch gar keine eigene Persönlichkeit entwickeln.

Richten sie ihr Leben nach den Wünschen der Eltern aus, leben sie auch das Leben ihrer Eltern, nicht aber ihr eigenes. Daher sollten Eltern ihren Kindern schon ein gewisses Maß an Vertrauen entgegenbringen. Sie sollten daran glauben, dass Ihre Tochter ihr Bestes gibt und vertrauen Sie darauf, dass sie sich zu einer tollen jungen Frau entwickelt, indem sie ihren eigenen Weg geht.

Zur Reife und zum Erwachsenwerden gehören nun mal auch dazu, schlechte Erfahrungen zu machen und Versuchungen wie Alkohol, Drogen und Co. zu widerstehen. Sie können ihr Kind zwar vor gewissen Dingen warnen, sollten aber darauf vertrauen, dass es ihre Warnungen beherzigt oder eben aus ihren eigenen Erfahrungen lernt. Zudem sollten Sie Ihrer Tochter die Freiheit lassen, selbst zu entscheiden, mit wem sie bestimmte Dinge bespricht. Das sind gerade für Teenager nämlich nicht immer nur die Eltern, sondern vorrangig Freunde und Gleichaltrige. Wenn Sie empathisch vorgehen und die Gefühlslage Ihrer Kinder ernst nehmen, sie nicht immer nur bevormunden oder belehren wollen, wird sich Ihr Kind von ganz allein in bestimmten Lebenslagen vertrauensvoll an Sie wenden.

Seien Sie neugierig darauf, wie sich Ihre Tochter entwickelt und was aus ihr wird. Aber lieben Sie sie immer so, wie sie ist und akzeptieren Sie gewisse Umstände einfach, auch wenn Sie es besser wüssten.

Was ist Empathie?

- Die Fähigkeit, die Gefühle anderer wahrzunehmen und zu verstehen.

- Unterscheidung zwischen kognitiver Empathie (Verstehen der Gefühle anderer) und emotionaler Empathie (Mitfühlen mit anderen).

Bedeutung von Empathie in der Pubertät:

- Wichtig für Eltern, um die emotionale und körperliche Entwicklung ihrer Kinder zu verstehen.

- Hilft die Herausforderungen der Pubertät gemeinsam zu meistern.

Entwicklung von Empathie:

- Teilweise angeboren, kann aber durch Erfahrung und Übung entwickelt werden.

- Wird in der Kindheit durch das Vorbild der Eltern entscheidend geprägt.

Tipps für Eltern:

1. Aufmerksames Zuhören: Aktiv zuhören und das Kind ganzheitlich wahrnehmen.

2. Interesse zeigen: Offene Fragen stellen, um Interesse am Leben des Kindes zu zeigen.

3. Emotionen ausdrücken: Mitgefühl durch Körpersprache und emotionale Kommunikation zeigen.

4. Konflikte ruhig angehen: Die Perspektive des Kindes einnehmen und einfühlsam auf Konflikte reagieren.

5. Vorbild sein: Empathisches Verhalten vorleben und damit eine Lerngrundlage schaffen.

Zusammenfassung

In der Pubertät spielt Empathie für Mädchen und ihre Eltern eine entscheidende Rolle. Sie ermöglicht es, die Gefühle anderer wahrzunehmen und angemessen darauf zu reagieren. Eltern können die Empathie ihrer Töchter stärken, indem sie aufmerksam zuhören, Interesse zeigen und Verständnis für ihre Gefühle aufbringen. Dies fördert das Selbstvertrauen der Mädchen und schafft eine harmonische Atmosphäre in der Familie.

Eine einfühlsame Beziehung zwischen Eltern und Tochter ist grundlegend für das Wohlbefinden und die psychische Gesundheit. Sie ermöglicht es den Eltern, ihre Tochter besser zu verstehen und angemessen auf ihre Bedürfnisse einzugehen.

Mädchen können während der Pubertät eine unterstützende und vertrauensvolle Beziehung zu ihren Eltern aufbauen.

Empathie ist auch entscheidend für die Entwicklung einer starken Bindung zwischen Eltern und Tochter. Indem sie ihrer Tochter Vertrauen entgegenbringen und sie in ihrer individuellen Entwicklung unterstützen, tragen Eltern dazu bei, dass die Tochter selbstbewusst heranwächst.

Letztlich ermöglicht Empathie den Eltern, ihre Töchter durch die Herausforderungen der Pubertät zu begleiten und sie dabei zu unterstützen, sich zu glücklichen und psychisch gesunden Erwachsenen zu entwickeln.

7 - Was ist Responsivität und wie setzt man es richtig ein?

Responsivität spielt in der Pubertät eine zentrale Rolle.

 Sie beschreibt die Antwortbereitschaft und das Antwortverhalten und ist vor allem für Eltern sehr wichtig. Gerade in der Pubertät sollten Eltern bereit sein, auf die Kommunikations- und Interaktions Versuche ihrer Töchter einzugehen. Viele Eltern glauben, dass sie responsiv sind, aber das ist oft ein Missverständnis.

Gerade in der autoritären Erziehung gibt es kaum Responsivität. Durch die strenge Erziehung mangelt es oft an genügend Feingefühl gegenüber dem Kind. Zudem steht die Erziehung in diesem Fall der Selbstständigkeit und Individualität der Kinder gegenüber. Bei der Responsivität geht es darum, die eigene Reaktion auf die Bedürfnisse des Kindes abzustimmen. Das gilt vor allem für Anforderungen, die Eltern in Bezug auf Leistung und Moral oft von ihren Kindern erwarten. Natürlich sind Regeln wichtig, aber diese sollten auch klar kommuniziert werden.

Auf bestimmte Handlungen, besonders in Bezug auf Anforderungen an das Kind, sollten Eltern dann entsprechend reagieren. Dazu gehören neben Kritik aber vor allem Lob und Aufmerksamkeit. Hat Ihre Tochter zum Beispiel den Abwasch erledigt, können Sie sie ruhig dafür loben, auch wenn es eine feste Regel und eine Selbstverständlichkeit in Ihren Augen ist.

Loben Sie Ihr Kind für ein angemessenes Handeln und sanktionieren Sie es nur, wenn es vom gewollten Verhalten abgewichen ist. In der Pubertät ist es generell wichtig, sich responsiv zu verhalten, das heißt, Sie müssen die Signale, die Ihnen Ihr Kind sendet, erkennen, es richtig interpretieren und feinfühlig reagieren. Viele Eltern denken, ihr Kind zu kennen, aber gerade in der Pubertät weicht das Verhalten oft von der Norm ab. Achten Sie in dieser Phase verstärkt auf die Signale, nehmen Sie Ihr Kind besser wahr und verhalten Sie sich entsprechend. Feinfühligkeit ist eine wichtige Komponente der Responsivität.

Um Ihr Kind zu einem moralisch starken und mental widerstandsfähigen Menschen zu erziehen, sind Responsivität, Disziplin und eine enge Bindung zwischen Eltern und Kind wichtig. Diese mentale Widerstandsfähigkeit wird auch Resilienz genannt und sie wirkt sich auf die Entwicklung und die psychische Gesundheit der Kinder aus.

Aber Responsivität hat auch eine andere Funktion: Durch sie können Sie als Elternteil Ihrem Kind auch dabei helfen, besser mit Problemen umzugehen. Dabei kommt wieder Ihre Vorbildfunktion ins Spiel. Dadurch lernen Ihre Kinder, dass sie Probleme am besten mit Kommunikation und einer angemessenen Reaktion lösen können.

Wenn das Kind etwas dafür tut, wird ein Problem gelöst. Auch hierbei spielt Lob wieder eine tragende Rolle. Wenn Ihre Tochter eine schwierige Situation selbständig gut gemeistert hat, sollten Sie sie loben. Lob ist eine Form der Anerkennung und Anerkennung gibt den Kindern Stärke und Motivation. Die Kinder lernen durch Resilienz und Responsivität, Krisen durchzustehen und diese zu bewältigen. Eine solche Krise ist ja auch die Pubertät. Gerade in dieser wichtigen Übergangsphase brauchen Kinder Wertschätzung, Liebe und Vertrauen. Schwächen sollten geschwächt, Stärken gestärkt werden. Nur dann fühlt sich der Teenager auch ernst genommen, traut sich viel mehr zu und stärkt sein Selbstwertgefühl und Selbstbewusstsein.

Bei der Responsivität und Resilienz spielt auch Empathie wieder eine wichtige Rolle. Achten Sie auf Signale, hören Sie aktiv zu und fördern Sie Ihr Kind. Schreiben Sie Ihrer Tochter aber nicht vor, was es wann zu fühlen und zu denken hat.

Unterbrechen Sie sie nicht, wenn sie von sich aus erzählt und nehmen Sie alles, was sie sagt, ernst. Nur dann können Sie angepasst reagieren. Vor allem bei Pubertierenden gilt: Nicht alles ist perfekt im Leben. Nicht alles funktioniert auf Anhieb und Fehler sind normal. Wenn Sie Ihrer Tochter das vermitteln, wird sie sich dieses responsives und resilientes Verhalten von Ihnen abschauen.

Agieren Sie als Vorbild. Auch bei Ihnen geht mal etwas schief. Kommunizieren Sie ruhig und stehen Sie dazu. Damit demonstrieren Sie Ihren Kindern, dass Rückschläge zum Leben dazugehören und sie aus Fehlern lernen können. Es lohnt sich nämlich immer, auch in der schwierigen Zeit der Pubertät weiterzumachen.

Praktische Tipps zur Förderung der Responsivität

1. *Achtsamkeit üben*: Die Signale des Kindes erkennen, richtig interpretieren und feinfühlig darauf reagieren.
2. *Offene Kommunikation*: Aktiv zuhören, Interesse zeigen und die Handlungen des Kindes verstehen.
3. Lob und Anerkennung: Positive Verstärkung durch Lob für erledigte Aufgaben und angemessenes Verhalten.
4. *Konfliktlösung*: Konflikte aus der Sicht des Kindes betrachten und gelassener angehen.
5. *Vorbildfunktion*: Responsives und resilientes Verhalten vorleben, um das Kind in seiner Entwicklung zu stärken.

Rolle von Responsivität für Resilienz:

- Fördert die psychische Widerstandsfähigkeit und die Fähigkeit, mit Krisen umzugehen.
- Ermutigt Kinder, aus Fehlern zu lernen und Herausforderungen positiv anzugehen.

Empathie als Schlüsselkomponente:

- Aktives Zuhören und ernsthaftes Interesse an den Erzählungen der Kinder zeigen.
- Kinder in ihren Entscheidungen unterstützen, ohne ihnen vorzuschreiben, was sie fühlen oder denken sollen.

Umgang mit Fehlern und Misserfolgen:

- Fehler und Rückschläge als normalen und lehrreichen Teil des Lebens akzeptieren.
- Kindern vermitteln, dass es in Ordnung ist, Fehler zu machen, und dass es wichtig ist, aus ihnen zu lernen und weiterzumachen.

Einfühlsame Erziehung in der Pubertät stärkt nicht nur das Selbstvertrauen und das Selbstwertgefühl der Jugendlichen, sondern fördert auch ein harmonisches Familienleben, in dem Vertrauen, Liebe und gegenseitiger Respekt vorherrschen.

Zusammenfassung:

Responsivität, die Fähigkeit der Eltern, angemessen auf die Bedürfnisse und Signale ihrer Kinder zu reagieren, spielt in der Pubertät eine entscheidende Rolle. In dieser turbulenten Phase ist es wichtig, dass Eltern sensibel auf die Kommunikations- und Interaktions Versuche ihrer Töchter eingehen. Das bedeutet, dass sie nicht nur Regeln klar kommunizieren, sondern auch loben und angemessen auf das Verhalten ihrer Kinder reagieren sollten.

Durch responsives Verhalten können Eltern dazu beitragen, das Selbstwertgefühl ihrer Töchter zu stärken und eine enge Bindung zu ihnen aufzubauen. Es fördert auch die Resilienz, d.h. die Fähigkeit, mit Krisen umzugehen, und die Entwicklung einer starken moralischen und psychischen Gesundheit. Empathie spielt dabei eine wichtige Rolle, da sie den Eltern hilft, die Bedürfnisse ihrer Kinder besser zu verstehen und angemessen darauf zu reagieren. Durch responsives und resilientes Verhalten können Eltern ihren Töchtern zeigen, wie man mit Herausforderungen umgeht und aus Fehlern lernt. Letztendlich dient dies als Vorbild für die Kinder und stärkt ihr Selbstvertrauen in der Pubertät.

8 - Resilienz

Resilienz ist eine Fähigkeit, die dir hilft, in schwierigen
Situationen standhaft zu bleiben und gestärkt daraus

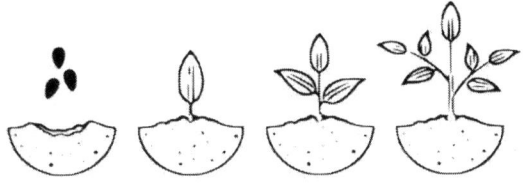

hervorzugehen. Als Mädchen in der heutigen Welt bist
du vielen Herausforderungen und Stressfaktoren
ausgesetzt, sei es in der Schule, im sozialen Umfeld
oder im Umgang mit den eigenen Emotionen. Resilienz
bedeutet, diese Herausforderungen zu meistern, indem
du über dich hinauswächst und deine innere Stärke
aktivierst.

Ein wichtiger Aspekt der Resilienz ist die Fähigkeit, mit
Stress und Druck umzugehen. Das bedeutet nicht, dass
du unempfindlich sein sollst, sondern vielmehr, dass du
lernst, dich selbst zu regulieren und gesunde
Bewältigungsstrategien zu entwickeln. Das können zum
Beispiel Entspannungstechniken wie Meditation oder
Atemübungen sein, aber auch kreative Aktivitäten wie
Malen oder Musik machen.

Durch solche Techniken kannst du Stress abbauen und deine innere Balance wiederfinden. Ein weiterer wichtiger Bestandteil der Resilienz ist die Fähigkeit, aus Rückschlägen zu lernen und wieder aufzustehen. Niemand ist vor Misserfolgen oder Enttäuschungen gefeit, aber es ist wichtig, sie nicht als Scheitern zu betrachten, sondern als Chance zur persönlichen Weiterentwicklung zu sehen.

Wenn du einen Rückschlag erlebst, nimm dir Zeit, um zu reflektieren und zu lernen, was du daraus mitnehmen kannst. Vielleicht hast du neue Einsichten gewonnen oder deine eigenen Grenzen besser kennengelernt. All das sind wichtige Erfahrungen, die dich stärker machen können. Ein weiterer wichtiger Aspekt der Resilienz ist das soziale Netzwerk. Menschen, die über ein starkes soziales Netzwerk verfügen, sind in der Regel widerstandsfähiger gegenüber Stress und Belastungen. Suche dir also Freunde und Familienmitglieder, auf die du zählen kannst, und baue eine unterstützende Gemeinschaft um dich herum auf.

Es ist wichtig zu wissen, dass du nicht alleine bist und dass es Menschen gibt, die dich unterstützen und dir helfen können, wenn du Hilfe brauchst. Schließlich ist es wichtig, eine positive Einstellung zu bewahren und optimistisch in die Zukunft zu blicken. Auch wenn es manchmal schwerfällt, bleibe zuversichtlich und glaube an deine Fähigkeiten, Herausforderungen zu meistern.

Denke daran, dass jede Krise auch eine Chance birgt und dass du gestärkt daraus hervorgehen kannst, wenn du dich den Herausforderungen mit Mut und Entschlossenheit stellst. Insgesamt ist Resilienz eine wichtige Fähigkeit, die dir hilft, schwierige Zeiten zu überstehen und gestärkt daraus hervorzugehen.

Indem du lernst, mit Stress umzugehen, aus Rückschlägen zu lernen, ein starkes soziales Netzwerk aufzubauen und optimistisch in die Zukunft zu blicken, kannst du deine innere Stärke aktivieren und deine Resilienz stärken.

Zusammenfassung

Resilienz ist die Fähigkeit, in schwierigen Situationen standhaft zu bleiben und gestärkt daraus hervorzugehen. Als Mädchen in der heutigen Welt bist du vielen Herausforderungen ausgesetzt. Resilienz bedeutet, über dich hinauszuwachsen und deine innere Stärke zu aktivieren. Dazu gehört der Umgang mit Stress, das Lernen von Rückschlägen und der Aufbau eines starken sozialen Netzwerks. Bleibe zuversichtlich und nutze Krisen als Chancen zur persönlichen Weiterentwicklung. Resilienz hilft dir, schwierige Zeiten zu überstehen und gestärkt daraus hervorzugehen.

9 - Handynutzung und soziale Medien

In einer Welt, die zunehmend von Technologie und

digitaler Vernetzung geprägt ist, spielen Smartphones und soziale Medien eine wichtige Rolle in deinem Leben als Jugendliche.

Diese digitalen Werkzeuge ermöglichen es dir nicht nur, mit deinen Freunden und deiner Familie in Kontakt zu bleiben, sondern eröffnen dir auch Zugang zu einer Vielzahl von Informationen und Perspektiven. Aber sie bringen auch Herausforderungen und Risiken mit sich.

Das digitale Schwert hat zwei Seiten. Smartphones und soziale Netzwerke sind zu ständigen Begleitern geworden, die es dir ermöglichen, jederzeit und überall mit der Außenwelt verbunden zu sein. Sie helfen dir, deinen sozialen Kreis zu erweitern und deine Identität und deinen Selbstausdruck zu erforschen. Gleichzeitig können sie aber auch Stress und Angst auslösen.

Die ständige Konfrontation mit dem scheinbar perfekten Leben anderer in sozialen Netzwerken kann zu Selbstzweifeln und einem verzerrten Selbstbild führen. Es ist eine Gratwanderung: Nutzen und Risiken abwägen. Die Kunst besteht darin, ein gesundes Gleichgewicht zwischen der digitalen und der realen Welt zu finden. Wichtig ist, dass du lernst, bewusst mit dem Handy umzugehen. Dazu gehört auch, Grenzen zu setzen, wie lange du online bist und welche Inhalte du konsumierst. Ein kritischer Umgang mit Informationen und Bildern in sozialen Netzwerken ist entscheidend, um eine realistische Perspektive zu erhalten.

Datenschutz und Sicherheit sind weitere wichtige Aspekte in der digitalen Welt. In der Pubertät beginnst du, mehr Wert auf deine persönliche und soziale Unabhängigkeit zu legen. Gleichzeitig ist es wichtig, dass du verstehst, wie wichtig Datenschutz und Sicherheit im Internet sind. Dazu gehört zu wissen, welche Informationen sicher weitergegeben werden können und wie du deine persönlichen Daten schützen kannst.

Die Rolle von Eltern und Erziehungsberechtigten:

In dieser Entwicklungsphase ist die Unterstützung der Eltern und Erziehungsberechtigten von unschätzbarer Bedeutung. Dabei geht es nicht darum, den Zugang zu Handys oder Social Media zu verbieten, sondern vielmehr darum, einen offenen Dialog zu fördern und gemeinsam Regeln für eine gesunde Nutzung zu entwickeln. Eltern können als Vorbilder dienen, indem sie ihren eigenen Umgang mit dem Handy reflektieren und Grenzen setzen.

Zusammenfassung

Handys und Social Media sind aus dem Leben der Mädchen nicht mehr wegzudenken. Sie bieten enorme Chancen für Lernen, Entwicklung und sozialen Austausch. Gleichzeitig bergen sie Risiken, die bewusst gemacht und gemanagt werden müssen. Ein bewusster Umgang mit diesen digitalen Werkzeugen kann Mädchen helfen, ein gesundes Selbstbild zu entwickeln, echte soziale Beziehungen zu pflegen und letztendlich positive Online-Erfahrungen zu machen.

10 -Taschengeld und Sparen

Das Thema Taschengeld und Geld sparen ist für Mädchen in der Pubertät ein weiterer wichtiger Schritt auf dem Weg zur Selbstständigkeit und in die Erwachsenenwelt.

Die Auseinandersetzung mit Geld, wie es verwaltet, ausgegeben und gespart wird, legt den Grundstein für finanzielle Kompetenz und Verantwortung. In diesem Kapitel betrachten wir, wie Taschengeld als Lerninstrument genutzt werden kann und geben praktische Tipps zum Sparen, die Mädchen helfen, einen gesunden Umgang mit Geld zu entwickeln. Taschengeld ist nicht nur Geld für persönliche Ausgaben.

Es ist ein pädagogisches Instrument, das jungen Menschen hilft, den Wert von Geld zu verstehen, Entscheidungen zu treffen und die Konsequenzen dieser Entscheidungen zu tragen. Durch Taschengeld lernen Mädchen, zwischen Wünschen und Bedürfnissen zu unterscheiden, Prioritäten zu setzen und die Befriedigung zu erfahren, die das Erreichen selbst gesteckter Sparziele mit sich bringt.

Wie viel Taschengeld ist angemessen?

Die Höhe des Taschengeldes variiert je nach Alter, finanziellen Möglichkeiten der Familie und regionalen Lebenshaltungskosten. Wichtig ist, dass ein regelmäßiger Betrag festgelegt wird, der realistische Möglichkeiten zum Sparen, Ausgeben und Teilen bietet. Eine klare Vereinbarung über den Verwendungszweck des Taschengeldes (z.B. Freizeitaktivitäten, Kleidung, Hobbys) beugt Missverständnissen vor.

Sparen lernen

Sparen ist eine Fähigkeit, die entwickelt und gefördert werden muss. Am Anfang steht das Setzen von Zielen. Ein Sparziel sollte konkret, messbar, relevant und zeitlich festgelegt sein. Du könntest zum Beispiel für ein neues Fahrrad, eine Konzertkarte oder einfach für ein finanzielles Polster sparen.

Tipps zum effektiven Sparen:

Eine einfache Liste, in der Einnahmen (Taschengeld, Geldgeschenke, Nebenjob) und Ausgaben aufgelistet werden, verschafft dir einen Überblick über die finanzielle Situation.

Sparziel setzen:

Ziele geben dem Sparen eine Richtung und machen es sinnvoller. Spare für Dinge, die dir Motivation zum Sparen geben. Es kann für ein neues Fahrrad oder vielleicht ein Ausflug zum Freizeitpark sein. Klebe Bilder an den Schrank von Dingen, die du gerne kaufen würdest. Es können auch Dinge für die Zukunft sein wie ein Haus oder ein Sportwagen. Denke daran „Ein Ziel ist ein Traum mit Termin"

Prioritäten setzen:

Lernen zu entscheiden, was wirklich wichtig ist und wo man Kompromisse eingehen kann. Frage dich: brauche ich unbedingt das neueste Handy oder leg ich das Geld lieber auf die Seite?

Ein separates Sparkonto:

Ein separates Konto oder eine Spardose können helfen, den Überblick zu behalten und die Versuchung zu verringern, das Geld für andere Dinge auszugeben. Viele Banken bieten Konten an, wo die Kinder erst ab dem 18. Lebensjahr Zugriff darauf haben.

Machen Sie den Fortschritt sichtbar:

Eine visuelle Darstellung des Spar-Ziels und der Fortschritte können motivieren und die Freude am Sparen steigern. Du kannst dir dafür auch eine Skala anlegen und darauf jeden Monat dein Erspartes eintragen. Mit der Zeit wirst du sehen, wie dein Vermögen immer weiter wächst.

Über Geld sprechen:

Der Austausch mit Eltern, Freunden oder anderen Vertrauenspersonen über Geldfragen kann neue Perspektiven eröffnen und zum Durchhalten anregen. Auch ist das Buch „Ein Hund namens Money" ist sehr empfehlenswert. Auch Online findet man viele hilfreiche Finanzkanäle, die dir helfen, ein besseres Verständnis für Geld zu bekommen.

Die Rolle der Eltern

Eltern spielen eine Schlüsselrolle bei der Erziehung ihrer Kinder zu finanziell verantwortungsbewussten Erwachsenen. Sie können durch Vorbildfunktion, gemeinsame Budgetplanung und das Setzen von Zielen unterstützen. Ermutigen Sie Ihre Kinder, kleine Aufgaben zu erledigen, um Geld zu verdienen. Dies kann das Erledigen von Hausarbeiten, Babysitten oder das Verkaufen von selbstgemachten Produkten sein.

Beim Einkaufen können Sie mit Ihren Kindern über Preise und Qualität sprechen. Zeigen Sie ihnen, wie man Vergleiche anstellt und kluge Entscheidungen trifft. Erklären Sie, dass Geld ein Tauschmittel ist, mit dem wir Waren und Dienstleistungen kaufen können. Es repräsentiert den Wert unserer Arbeit und Zeit.

Zusammenfassung

Der Umgang mit Geld ist ein wichtiger Schritt auf dem Weg zur finanziellen Selbstständigkeit. Durch bewusstes Ausgeben, das Setzen von Sparzielen und die Erfahrung, diese auch zu erreichen, entwickeln Mädchen eine solide Basis für den späteren verantwortungsvollen Umgang mit Finanzen. Diese Fähigkeiten sind nicht nur für den persönlichen Erfolg wichtig, sondern auch für das allgemeine Wohlbefinden und die Lebensqualität.

11 - Schule

Die Schule ist weit mehr als ein Ort des Lernens und der
Wissensanhäufung. Sie ist ein komplexes soziales
Umfeld, in dem Schüler wichtige Kompetenzen für

ihren weiteren Lebensweg entwickeln. Sie ist der Ort
erster Freundschaften, Herausforderungen, Erfolge und
Lernmomente, die über die reine Wissensvermittlung
hinausgehen. In der Schule lernen Schülerinnen und
Schüler nicht nur Mathematik, Sprachen oder
Naturwissenschaften, sondern auch wichtige soziale
Kompetenzen wie Teamarbeit, Empathie und
Konfliktlösung.

Sie bietet eine Bühne, auf der Talente entdeckt und
gefördert werden können, und ein Experimentierfeld,
auf dem persönliche Grenzen ausgelotet und erweitert
werden. Gleichzeitig stellt die Schulzeit aber auch eine
Reihe von Herausforderungen dar.

Von akademischem Druck und Prüfungsangst bis hin zu sozialen Dynamiken und dem Navigieren in der Welt der zwischenmenschlichen Beziehungen. Es ist eine Zeit intensiven persönlichen Wachstums, in der Mädchen lernen, mit diesen Herausforderungen umzugehen, ihre Identität zu formen und ein Gefühl für ihre Rolle in der Welt zu entwickeln.

Die Schule dient auch der Vorbereitung auf das spätere Berufsleben und das Leben in der Gesellschaft. Sie vermittelt nicht nur Fachwissen, sondern auch lebenswichtige Kompetenzen wie kritisches Denken, Selbstorganisation und die Fähigkeit, sich selbstständig neues Wissen anzueignen - Kompetenzen, die in einer sich schnell verändernden Welt unerlässlich sind.

Letztendlich ist die Schule ein Mikrokosmos der Gesellschaft, ein Ort des Lernens, des Wachstums und der Vorbereitung auf die Zukunft. Jeder Schultag bietet die Chance, etwas Neues zu lernen, nicht nur über Bücher und Formeln, sondern auch über sich selbst und die Welt um einen herum. Es ist eine einzigartige Zeit voller Herausforderungen und Belohnungen, deren Erfahrungen und Lektionen uns ein Leben lang begleiten.

Prüfungsangst

Prüfungsangst ist ein Gefühl, das viele Schülerinnen und Schüler kennen. Es handelt sich dabei um Nervosität oder Angst vor und während einer Prüfung, die sich sowohl körperlich als auch emotional äußern kann. Es gibt jedoch Möglichkeiten, diese Angst zu kontrollieren und in positive Energie umzuwandeln, um Prüfungen erfolgreicher und entspannter zu meistern.

Prüfungsangst entsteht häufig aus der Angst, den Erwartungen nicht gerecht zu werden oder zu versagen. Es ist wichtig zu verstehen, dass diese Angst normal ist und jeder sie in unterschiedlichem Ausmaß erlebt. Sie signalisiert uns, dass uns das Ergebnis der Prüfung wichtig ist. Wenn diese Angst jedoch überhandnimmt, kann sie unsere Leistung beeinträchtigen.

Strategien zur Angstbewältigung

Atem- und Entspannungsübungen:

Langsames und tiefes Atmen aktiviert das parasympathische Nervensystem, was zu einer Senkung des Pulses und einer allgemeinen Entspannung führt. Durch die Verlangsamung der Atemfrequenz wird der Körper in einen beruhigenden Zustand versetzt.

Positive Visualisierung:

Die Visualisierung bietet zahlreiche Vorteile bei der Bewältigung von Prüfungsangst. Sie hilft, Stress abzubauen und gibt dir ein Gefühl der Gelassenheit. Durch das Vorstellen eines erfolgreichen Prüfungsverlaufs steigt das Selbstvertrauen und positive Gedanken werden verstärkt. Die Fokussierung auf die Lösung der Aufgaben in der Visualisierung verbessert zudem Konzentration und Leistung während der Prüfung. Insgesamt ermöglicht die Visualisierung einen positiven Ansatz zur Bewältigung von Prüfungsangst und erhöht die Chance auf einen erfolgreichen Abschluss.

Gute Vorbereitung:

Eine gründliche Vorbereitung ist der Schlüssel zum Abbau von Prüfungsangst. Beginne frühzeitig mit dem Lernen, um Stress in letzter Minute zu vermeiden. Plane deine Lernzeiten und Pausen ein und stelle sicher, dass du alle notwendigen Materialien und Informationen zur Hand hast.

Selbstgespräche:

Selbstgespräche sind wichtig, besonders wenn es um die Bewältigung von Prüfungsangst geht. Achte darauf, was deine innere Stimme sagt. Wenn du negative Gedanken wie "Ich schaffe das nicht" bemerkst, versuche sie durch positive Affirmationen zu ersetzen.

Sage dir stattdessen zum Beispiel: "Ich bin gut vorbereitet und kann diese Herausforderung meistern." Diese positiven Selbstgespräche können helfen, dein Selbstvertrauen zu stärken und dich mental auf den Erfolg einzustimmen.

Effektive Lernstrategien:

Finde heraus, welche Lernmethoden für dich am besten funktionieren. Dazu kann das Erstellen von Zusammenfassungen, Lernkarten oder das Üben alter Prüfungsfragen gehören. (Dazu später mehr)

Pausen einplanen:

Regelmäßige Pausen während des Lernens sind wichtig, um Müdigkeit zu vermeiden und das Gelernte zu verarbeiten. Sie helfen, die Konzentration aufrechtzuerhalten und frisch zu bleiben.

Prüfungssimulationen:

Unter Prüfung ähnliche Bedingungen üben, um sich an das Format und den Zeitdruck zu gewöhnen. Schlaukopf.de: Diese Website bietet Prüfungssimulationen für verschiedene Fächer und Schwierigkeitsgrade an. Du kannst praktische Übungen durchführen, um dein Wissen zu testen und dich so auf den Prüfungstag vorzubereiten. Scanne den QR Code und du kommst direkt zu Schlaukopf.de

Gesunder Lebensstil:

Achten Sie auf ausreichend Schlaf, ausgewogene Ernährung und Bewegung. Ein gesunder Körper fördert einen gesunden Geist, indem er die kognitiven Funktionen unterstützt und die Stimmung positiv beeinflusst.

Rechtzeitiges Erscheinen:

Erscheine rechtzeitig am Prüfungsort, damit du in Ruhe alle Utensilien bereitlegen, dich mental auf die Prüfung vorbereiten und eine Panik in letzter Minute vermeiden kannst.

Positive Einstellung:

Sieh die Prüfung nicht als Bedrohung, sondern als Chance, zu zeigen, was du gelernt hast. Nutze sie als Gelegenheit, dein Wissen und Können unter Beweis zu stellen und mit Selbstvertrauen an die Aufgaben heranzugehen. Vertraue auf deine Vorbereitung und bleibe ruhig, damit du dein volles Potenzial ausschöpfen kannst.

Zusammenfassung

Prüfungsangst zu überwinden, ist ein Prozess, der Zeit und Übung braucht. Denke daran, dass es in Ordnung ist, Unterstützung zu suchen, sei es durch Gespräche mit Lehrern, Freunden oder durch professionelle Beratung. Wenn du lernst, deine Angst zu verstehen und damit umzugehen, öffnest du die Tür zu mehr Gelassenheit und Erfolg in Prüfungssituationen.

12 - Verschiedene Lernmethoden

Das Erforschen und Anwenden verschiedener Lernmethoden kann deinen Lernprozess nicht nur effizienter, sondern auch viel angenehmer machen. Es  ist wie das Entdecken deiner persönlichen Landkarte des Wissens, die so einzigartig ist wie du selbst. Lass uns damit beginnen, die verschiedenen Lernstile zu verstehen, die dir helfen können, deinen eigenen Weg zu finden.

Individuelle Lernstile
Die Theorie der Lernstile besagt, dass jeder Mensch Informationen auf eine bestimmte Art und Weise verarbeitet. Die drei wichtigsten Lernstile sind=

- *Visuelle* Lerner: Bevorzuge Bilder, Diagramme und grafische Darstellungen. Du verstehst und speicherst Informationen besser, wenn sie visuell präsentiert werden. Mindmaps, Infografiken oder farbige Markierungen können besonders hilfreich sein.

- *Auditives* Lernen: Du nimmst Informationen leichter über das Hören auf. Du profitierst von Vorträgen, Diskussionen und dem Hören von Hörbüchern oder Podcasts. Auch das laute Wiederholen von Informationen oder das Lernen mithilfe von Liedern oder Reimen kann hilfreich sein.

- *Haptisches* Lerner: Du bevorzugst körperliche Beteiligung und lernst durch Handeln. Experimente, Modellbau oder Rollenspiele können das Lernen für dich lebendig machen. Bewegung oder das Schreiben und Zeichnen von Notizen können dir ebenfalls helfen.

Um deinen eigenen Lernstil herauszufinden, experimentiere mit verschiedenen Methoden und finde heraus, welche dir am besten helfen, das Gelernte aufzunehmen und zu behalten

Effektive Lernstrategien

- **Pomodoro-Technik:** Bei dieser Methode wird das Lernen in kurze, konzentrierte Einheiten (in der Regel 25 Minuten) unterteilt, auf die eine kurze Pause folgt. Nach vier Lerneinheiten folgt eine längere Pause.

Diese Technik hilft, die Konzentration aufrechtzuerhalten und Müdigkeit zu vermeiden.

- *Mindmaps*: helfen, komplexe Sachverhalte zu strukturieren und visuell darzustellen. Sie eignen sich besonders für visuell orientierte Lernende, um Zusammenhänge zu erkennen und Informationen besser zu speichern.

- Lerntagebücher: Das Führen eines Lerntagebuchs, indem du regelmäßig festhältst, was du gelernt hast, Fragen stellst und Zusammenfassungen schreibst, fördert die Reflexion und Vertiefung des Gelernten.

- *Selbsttests:* Stelle dir selbst Fragen zum Gelernten und versuche, die Antworten ohne Hilfsmittel zu finden.

- *Karteikarten*: Schreibe Lerninhalte auf Karteikarten und teste dich regelmäßig selbst.
Erklären: Erkläre anderen, was du gelernt hast. Das hilft dir, die Inhalte besser zu verstehen und zu verinnerlichen.

*- **Aktiv Recall** (zurzeit 2024 sehr beliebte Methode)*: ist eine Methode, bei der Informationen aktiv aus dem Gedächtnis abgerufen werden, anstatt sie nur passiv zu lesen oder zu hören.
Es gibt viele verschiedene Möglichkeiten, aktive Recall in die Lernroutine zu integrieren.

INFOSEITE ZU ACTIVE RECALL

Warum funktioniert aktive Recall so gut? Recall so effektiv?

Studien haben gezeigt, dass aktives Erinnern eine effektivere Lernmethode ist als passives Lernen. Das liegt daran, dass der Abrufprozess die neuronalen Verbindungen im Gehirn stärkt, die für die Speicherung von Informationen wichtig sind. Je öfter du Informationen abrufst, desto besser behältst du sie im Gedächtnis.

Digitale Ressourcen nutzen

Die digitale Welt bietet eine Fülle von Tools und Apps, die den Lernprozess unterstützen können:

- Quiz- und Flashcard-Apps: wie Quizlet ermöglichen das Lernen und Wiederholen durch Wiederholung und spielerische Elemente.

- *Lernplattformen:* wie die Khan Academy bieten Kurse zu einer Vielzahl von Themen an, oft kostenlos oder gegen eine geringe Gebühr.

- Zeitmanagement-Apps: wie Google Kalender helfen dir, deine Lernzeiten zu planen und den Überblick über Deadlines und Aufgaben zu behalten.

QUIZLET.COM   KHANACADEMY   GOOGLE KALENDER
                     KOSTENLOS   GOOGLE KONTO
                                          ERFORDERLICH

Indem du verschiedene Lernstile und -methoden ausprobierst und die verfügbaren Ressourcen nutzt, kannst du eine Lernroutine entwickeln, die zu dir passt und dir hilft, dein volles Potenzial auszuschöpfen. Denke daran, dass Lernen ein Prozess ist. Habe Geduld mit dir selbst und sei offen, neue Strategien auszuprobieren, um herauszufinden, was für dich am besten funktioniert.

13 - Mode in der Schule

In den Gängen der Schule, wo jeder Schritt und jedes

Outfit unter einem unsichtbaren Mikroskop zu stehen
scheinen, kann Mode zu einem faszinierenden, aber
manchmal auch einschüchternden Aspekt des Alltags
werden. Der Umgang mit Mode und Trends ist mehr als
nur die Wahl der Kleidung, die man trägt. Es ist eine
Reise der Selbstfindung, des Ausdrucks und des Mutes,
authentisch zu sein.

Mode als Ausdrucksmittel

Mode ist eine mächtige Form des Selbstausdrucks. Sie ermöglicht es dir, ohne Worte zu kommunizieren, wer du bist und wie du dich fühlst.

Dein Stil kann kreativ, einzigartig und ein Spiegelbild deiner Persönlichkeit sein. Erinnere dich daran, dass wahre Schönheit und Stil von innen kommen. Sie spiegeln dein Selbstvertrauen und deine Einstellung wider.

Den Modedruck überwinden

Der Wunsch, dazuzugehören und von Gleichaltrigen akzeptiert zu werden, ist ganz natürlich. Aber der Druck, den neuesten Trends zu folgen, kann überwältigend sein und ist nicht immer mit deinem persönlichen Stil oder deinem Budget vereinbar. Es ist wichtig zu erkennen, dass Mode vergänglich, Stil aber zeitlos ist. Dein Stil sollte dich glücklich machen und dir ein Gefühl der Zufriedenheit geben, nicht Stress oder Unsicherheit.

Mode und Identität

Deine Kleidung kann viel über dich aussagen, aber sie definiert deine Identität nicht. Du bist mehr als die Marken, die du trägst, oder die Trends, denen du folgst. Was dich wirklich ausmacht, sind deine Werte, deine Träume und deine Persönlichkeit. Mode sollte diese Aspekte hervorheben und nicht verbergen.

Tipps für einen gesunden Umgang mit Mode in der Schule

- Sei du selbst: Trage, was dir gefällt und worin du dich wohl fühlst. Dein Wohlbefinden und dein Selbstbewusstsein sind wichtiger als jede Fashion Regel. Vergiss nicht, dass Authentizität und Individualität viel mehr Eindruck machen als das Streben nach aktuellen Trends.

- Sei kreativ: Experimentiere mit verschiedenen Stilen und Kombinationen. Manchmal findest du in der Vielfalt deinen einzigartigen Stil. Lass dich von verschiedenen Modestilen und Trends inspirieren. Das Wichtigste ist, dass du dich in deiner Kleidung wohl fühlst und sie deine Persönlichkeit widerspiegelt. Experimentiere mit Farben, Mustern und Accessoires, um deinen eigenen Look zu kreieren, der deine Individualität unterstreicht.

- *Denk an die Nachhaltigkeit*: Überlege dir, wie du Mode nachhaltig und verantwortungsvoll konsumieren kannst. Second-Hand-Shopping oder Kleidertausch mit Freunden kann Spaß machen und gleichzeitig die Umwelt schonen. Achte auch auf die Qualität der Kleidung und investiere lieber in zeitlose Stücke, die länger halten und sich vielseitig kombinieren lassen. Durch bewussten Konsum kannst du nicht nur deinen eigenen Stil entwickeln, sondern auch einen positiven Beitrag zum Umweltschutz leisten.

- *Inspiration statt Imitation*: Lass dich von Trends inspirieren, aber kopiere sie nicht blind. Wichtig ist die Anpassung an den eigenen Geschmack. Finde heraus, welche Elemente der aktuellen Trends zu deinem persönlichen Stil passen und integriere sie auf deine Weise. So kannst du Trends interpretieren und gleichzeitig deinen eigenen, unverwechselbaren Stil entwickeln.

- Wertschätzung statt Konkurrenz: Bewundere den Stil anderer, ohne dich mit ihnen zu vergleichen. Jeder hat seinen eigenen Geschmack in der Modewelt. Wenn du die Einzigartigkeit anderer schätzt, förderst du ein positives Umfeld und stärkst dein Selbstvertrauen. Denke daran, dass Mode eine Form des Selbstausdrucks ist und dass es wichtig ist, authentisch zu bleiben, anstatt sich mit anderen zu vergleichen.

Zusammenfassung

Denke daran, dass du in jeder Phase deines Lebens wächst und dich entwickelst, und so wird sich auch dein Stil weiterentwickeln. Die Schulzeit ist eine Zeit der Entdeckungen, nicht nur in Bezug auf Bildung, sondern auch in Bezug auf dich selbst und wie du dich der Welt präsentierst. Sei mutig, sei du selbst und lass deine Mode deine Geschichte erzählen. Eine Geschichte, die so einzigartig und schön ist wie du selbst.

14 - Gruppendynamik

Das Navigieren in Gruppen ist sowohl eine Kunst als auch eine Wissenschaft, besonders während der Schulzeit, wenn soziale Beziehungen und Interaktionen intensiver und komplexer werden können.

In der Schule spielt das soziale Umfeld eine sehr wichtige Rolle. Indem du lernst, mit unterschiedlichen Persönlichkeiten, Meinungen und Verhaltensweisen umzugehen. Hier sind einige Richtlinien, die dir helfen sollen, in diesen dynamischen Gewässern zu navigieren und positive Beziehungen zu fördern.

Verstehe die Dynamik

Jede Gruppe entwickelt ihre eigenen Normen, Rollen und Erwartungen. Einige Mitglieder übernehmen natürliche Führungsrollen, während andere eher unterstützende Rollen bevorzugen. Verstehe, wie deine Gruppe funktioniert. Dieses Verständnis kann dir helfen, besser zu interagieren und zu kommunizieren.

Sei authentisch

Es kann verlockend sein, sich anzupassen, um akzeptiert zu werden, aber auf lange Sicht ist es wichtiger, authentisch zu sein. Echte Freundschaften basieren auf Ehrlichkeit und Authentizität. Wenn du dir selbst treu bleibst, ziehst du Menschen an, die dich für das schätzen, was du wirklich bist.

Kommunikation ist der Schlüssel

Effektive Kommunikation ist entscheidend, um Missverständnisse zu vermeiden und Beziehungen zu stärken. Lerne aktives Zuhören, drücke deine Gedanken und Gefühle klar aus und sei offen für die Perspektiven anderer. Konstruktive Gespräche können Konflikte lösen und den Gruppenzusammenhalt stärken.

Grenzen setzen

Es ist wichtig, persönliche Grenzen zu setzen und zu respektieren. Nicht jeder Moment muss mit der Gruppe geteilt werden und es ist in Ordnung, Zeit für sich selbst zu beanspruchen. Das Setzen und Respektieren von Grenzen zeigt gegenseitigen Respekt und fördert gesunde Beziehungen

Zusammenfassung

Das Navigieren durch soziale Gruppen erfordert ein Verständnis der Gruppendynamik und das Erkennen von Rollen und Erwartungen. Authentizität ist wichtig, um echte Freundschaften aufzubauen, und Kommunikation spielt eine entscheidende Rolle, um Missverständnisse zu vermeiden und Beziehungen zu stärken. Das Setzen und Respektieren persönlicher Grenzen fördert gegenseitigen Respekt und gesunde Beziehungen.

15 - Umgang mit Konflikten

Konflikte sind in der Gruppe unvermeidlich.
Entscheidend ist, wie du damit umgehst. Vermeide

Klatsch und direkte Konfrontation. Versuche
stattdessen, Konflikte direkt und respektvoll
anzusprechen. Oft führt ein offenes Gespräch zu
Lösungen, die für alle Beteiligten akzeptabel sind. Wenn
ein Konflikt jedoch nicht zu lösen scheint, so wende
dich bitte an die Lehrer oder deine Eltern und bitte um
Hilfe.

Unterstützen und unterstützt werden

Eine Gruppe sollte ein Ort der gegenseitigen Unterstützung sein. Sei für deine Freunde da, wenn sie dich brauchen und zögere nicht, um Hilfe zu bitten, wenn du sie brauchst. Die Stärke einer Gruppe zeigt sich in ihrer Fähigkeit, einander in guten wie in schlechten Zeiten zu unterstützen.

Akzeptiere Veränderungen

Gruppen können sich mit der Zeit verändern. Freundschaften können sich entwickeln oder zerbrechen und das ist ein natürlicher Teil des Wachstums. Sei offen für Veränderungen und erkenne, dass jede Beziehung und jede Erfahrung ein Teil deiner Entwicklung ist. Das Navigieren in Gruppen erfordert Geduld, Einfühlungsvermögen und die Bereitschaft zu lernen und zu wachsen. Indem du positive Beziehungen aufbaust und pflegst, schaffst du ein unterstützendes Netzwerk, das dir durch deine Schulzeit und darüber hinaus helfen wird. Denke daran, dass jeder Mensch einzigartig ist und dass die Vielfalt der Persönlichkeiten und Erfahrungen unser Leben bereichert.

Nochmal Thema Konflikte

Konflikte sind ein natürlicher Bestandteil menschlicher Interaktion, auch im Schulleben. Sie entstehen, wenn unterschiedliche Meinungen, Bedürfnisse oder Ziele aufeinandertreffen.

Der konstruktive Umgang mit diesen Konflikten ist eine wichtige Fähigkeit, die nicht nur das Schulklima verbessert, sondern auch eine wertvolle Lebenskompetenz darstellt. Hier sind einige Schritte und Strategien, um Konflikte in der Schule effektiv zu bewältigen:

Den Konflikt erkennen und akzeptieren

Der erste Schritt besteht darin, den Konflikt zu erkennen und anzuerkennen, ohne ihn sofort negativ zu bewerten. Konflikte bieten die Chance, Unterschiede zu verstehen, Beziehungen zu stärken und gemeinsam zu wachsen. Akzeptieren Sie, dass Meinungsverschiedenheiten normal und Teil des Lernprozesses sind.

Aktives Zuhören

Den Beteiligten aufmerksam und unvoreingenommen zuhören. Aktives Zuhören bedeutet, nicht nur die Worte des anderen zu hören, sondern auch die dahinter stehenden Gefühle und Bedürfnisse zu verstehen. Dies schafft eine Basis für Vertrauen und Offenheit.

Eigene Gefühle und Bedürfnisse ausdrücken

Drücke deine eigenen Gefühle und Bedürfnisse klar und respektvoll aus, ohne die andere Person anzugreifen. Verwende Ich-Botschaften, um Missverständnisse zu vermeiden und zu verdeutlichen, dass es um deine persönliche Perspektive geht, z.B. "Ich fühle mich ..., wenn ...".

Suche nach gemeinsamen Interessen

Versuche, die zugrunde liegenden Interessen und Bedürfnisse aller Beteiligten zu identifizieren. Oft stehen hinter scheinbar gegensätzlichen Positionen ähnliche Wünsche oder Ziele. Die Fokussierung auf gemeinsame Interessen kann helfen, Lösungen zu finden, die für alle akzeptabel sind.

Kreative Problemlösung

Betrachte den Konflikt als ein gemeinsames Problem, das gelöst werden muss. Ermutige alle Beteiligten, kreativ über mögliche Lösungen nachzudenken. Brainstorming ohne sofortige Bewertung der Ideen kann helfen, innovative Wege zur Konfliktlösung zu entdecken.

Vereinbarungen treffen

Sobald ein Konsens gefunden ist, formulieren Sie gemeinsame Vereinbarungen, die die Bedürfnisse aller widerspiegeln. Es ist wichtig, dass diese Vereinbarungen konkret, umsetzbar und für alle Beteiligten verbindlich sind.

Nachbereitung

Überprüfe nach einiger Zeit, ob die getroffenen Vereinbarungen eingehalten wurden und ob sie zur Lösung des Konflikts beigetragen haben. Das zeigt, dass dir die Lösung und die Beziehung wichtig sind und gibt dir die Möglichkeit, gegebenenfalls Anpassungen vorzunehmen.

Zusammengefasst

Der effektive Umgang mit Konflikten in der Schule erfordert Einfühlungsvermögen, Kommunikationsfähigkeit und Offenheit. Indem du lernst, mit Konflikten konstruktiv umzugehen, trägst du zu einem positiven Schulklima bei und erwirbst wichtige soziale Kompetenzen, die dir in vielen Lebensbereichen von Nutzen sein werden. Denke daran, dass der Umgang mit Konflikten eine Chance ist, zu lernen, zu wachsen und stärkere Beziehungen aufzubauen.

17 - Selbstfürsorge und Wohlbefinden

Die Schulzeit kann eine herausfordernde Zeit sein, die viel von dir abverlangt, sowohl physisch als auch psychisch. Deshalb ist es wichtig, dass du lernst, gut für dich selbst zu sorgen. Selbstfürsorge ist nicht nur ein Akt der Güte dir selbst gegenüber, sondern auch eine Grundlage für dein allgemeines Wohlbefinden und deine Leistungsfähigkeit in der Schule.

- Ausgewogene Ernährung: Eine gesunde und ausgewogene Ernährung versorgt deinen Körper mit der Energie und den Nährstoffen, die du brauchst. Proteine sind wichtig für den Aufbau und die Reparatur von Geweben und tragen zur Sättigung bei, was dir hilft, dich länger konzentriert zu bleiben. Proteinreiche Lebensmittel sind mageres Fleisch, Fisch, Eier, Hülsenfrüchte oder Tofu.

Zusätzlich sind gesunde Fette, wie sie in Nüssen, Avocados und Olivenöl wichtig für eine optimale Gehirnfunktion. Walnüsse beispielsweise liefern Omega-3-Fettsäuren, die für die Gehirnentwicklung und -funktion entscheidend sind. Integriere auch frisches Obst, Gemüse und Vollkornprodukte in deine Mahlzeiten.

- **Treibe regelmäßig Sport:** Körperliche Aktivität ist nicht nur wichtig für deine körperliche Gesundheit, sondern wirkt sich auch positiv auf deine Stimmung und dein Stressniveau aus. Finde eine Sportart oder Bewegungsform, die dir Spaß macht und versuche, sie regelmäßig in deinen Alltag einzubauen.

- **Ausreichend Schlaf:** Ausreichender Schlaf ist entscheidend für Ihre körperliche und geistige Gesundheit. Während des Schlafs durchläuft das Gehirn wichtige Phasen, die die kognitive Funktion und das Lernen unterstützen. Der Tiefschlaf ist besonders wichtig für die körperliche Regeneration und die Konsolidierung des Gedächtnisses. Schlafmangel kann zu Müdigkeit, Konzentrationsschwäche und langfristigen kognitiven Problemen führen. Regelmäßige Schlafgewohnheiten und eine ruhige Schlafumgebung sind wichtig für einen erholsamen Schlaf.

- Psychische Gesundheit: Achte auf die Signale deines Körpers und deiner Seele, denn sie zeigen dir, wenn du überfordert bist. Nimm dir bewusst Zeit für Aktivitäten, die dir Freude bereiten und entspannend sind. Wenn du das Gefühl hast, alleine nicht weiterzukommen, scheue dich nicht davor, deine Eltern zu fragen oder professionelle Hilfe in Anspruch zu nehmen.
Deine psychische Gesundheit ist genauso wichtig wie deine körperliche Gesundheit.

- Pflege soziale Kontakte: Gute Beziehungen sind nicht nur angenehm, sondern wirken sich nachweislich auch positiv auf dein Wohlbefinden aus. Zeit mit Menschen zu verbringen, die dich verstehen und akzeptieren, ermöglichen eine offene Kommunikation und emotionale Unterstützung. Ein Gefühl der Verbundenheit und Zugehörigkeit stärkt dein Selbstvertrauen und verringert das Gefühl der Isolation. Darüber hinaus bieten gute Beziehungen einen sicheren Raum, in dem du deine Gedanken und Gefühle mitteilen kannst, was wiederum Stress abbaut und deine psychische Gesundheit verbessert.

Zusammenfassung

Selbstfürsorge ist entscheidend für dein Wohlbefinden. Achte auf eine ausgewogene Ernährung mit gesunden Proteinen und Fetten. Regelmäßige Bewegung ist nicht nur gut für deinen Körper, sondern auch für deine Stimmung. Schlaf ist wichtig für deine körperliche und geistige Gesundheit, also achte darauf, dass du ausreichend schläfst. Achte auf deine psychische Gesundheit, nimm dir Zeit zum Entspannen und suche dir Unterstützung, wenn du sie brauchst. Pflege auch deine sozialen Kontakte, denn gute Beziehungen stärken dein Selbstvertrauen und bauen Stress ab.

18 - Freundschaft

Die Pubertät ist eine Zeit des Umbruchs, die oft mit einem Sturm von Veränderungen und Herausforderungen verbunden ist. In dieser Zeit des Erwachsenwerdens findest du in deinen Freundschaften einen Anker. Diese Beziehungen

entwickeln sich von kindlichen Spielkameraden zu emotionalen Stützen, die dir durch schwierige Lebensphasen helfen. In der Pubertät stehst du auch vor der Aufgabe, deine Identität zu finden und deinen Platz in der Welt zu verstehen. Deine Freunde spielen dabei eine zentrale Rolle.

Die Welt der Freundschaften wird für dich komplexer und wichtiger. Die Art der Interaktion ändert sich, es geht nicht mehr nur darum, Spielsachen zu teilen oder im Park zu spielen. Deine Gespräche werden tiefgründiger und die Themen umfassen persönliche Gefühle, familiäre Probleme, Herausforderungen in der Schule und gemeinsame Interessen.

Diese tiefen Bindungen bieten nicht nur Trost und Verständnis, sondern auch ein Feld, auf dem du lernst, mit Konflikten umzugehen, Einfühlungsvermögen zu zeigen und Vertrauen aufzubauen. Du erprobt soziale Rollen und lernst, einander zu unterstützen und wie ihr euch aufeinander verlassen könnt. Neben diesen positiven Aspekten gibt es aber auch Herausforderungen. Die Intensität der Gefühle in der Pubertät kann deine Freundschaften belasten. Es kann zu Missverständnissen und Konflikten kommen, die manchmal durch sich verändernde Interessen und

Persönlichkeiten ausgelöst werden. Es ist eine Zeit, in der einige Freundschaften zerbrechen, andere sich festigen und neue Freundschaften entstehen.

Diese Erfahrungen, so schmerzhaft sie auch sein mögen, sind wertvolle Lektionen im Prozess des Erwachsenwerdens. Du lernst, Beziehungen zu pflegen, dich von anderen zu trennen und aus Erfahrungen zu lernen. Deine Eltern spielen eine wichtige Rolle bei der Entwicklung deiner sozialen Fähigkeiten.

Sie können dich unterstützen, indem sie dir zuhören, ohne zu urteilen, und dir helfen, mit deinen Gefühlen und Erfahrungen umzugehen. Es ist wichtig, dass deine Eltern die Bedeutung von Freundschaften in dieser Lebensphase erkennen und dich ermutigen, gesunde und positive Beziehungen zu pflegen. Gleichzeitig ist es wichtig, dass sie mit dir über die Herausforderungen sprechen, die Freundschaften mit sich bringen können, einschließlich Themen wie Gruppenzwang, Cybermobbing und die Notwendigkeit, Grenzen zu setzen.

Die Pubertät ist eine wichtige Zeit, in der du lernst, Beziehungen aufzubauen und aufrechtzuerhalten, die auf gegenseitigem Respekt, Vertrauen und Unterstützung basieren. Freundschaften sind in dieser Phase mehr als nur ein sozialer Zeitvertreib; sie sind ein wesentlicher Bestandteil deiner emotionalen Entwicklung und deines Wohlbefindens.

Indem du durch die Höhen und Tiefen der Freundschaft navigierst, entwickelst du die Fähigkeiten und das Selbstvertrauen, die du brauchst, um dich als kompetente, einfühlsame und widerstandsfähige Person in der Welt zu bewegen.

Zusammenfassung

Die Pubertät ist eine Zeit des Umbruchs, in der Freundschaften eine zentrale Rolle spielen. Durch sie lernst du wichtige Fähigkeiten wie Konfliktlösung und Einfühlungsvermögen. Neben den positiven Aspekten gibt es aber auch Herausforderungen wie Missverständnisse und Konflikte. Deine Eltern können dir helfen, gesunde Beziehungen aufzubauen und über schwierige Themen wie Gruppendruck zu sprechen. Letztendlich sind Freundschaften wichtig für deine emotionale Entwicklung und dein Wohlbefinden und geben dir das Selbstvertrauen, das du brauchst, um dich in der Welt zurechtzufinden.

19 - Die erste Liebe

Lena blickte gedankenlos aus dem Fenster, während die letzten Sonnenstrahlen des Tages sanft ihr Gesicht streiften. Die Welt draußen schien in ihrem gewohnten Rhythmus weiter zu pulsieren, unberührt von dem Sturm, der in Lenas Herz tobte.

Noch vor wenigen Wochen hatte sie das Gefühl gehabt, auf Wolken zu schweben, getragen von der süßen Euphorie der ersten Liebe.
Alex mit seinen neugierigen Augen und seinem ansteckenden Lachen war wie ein Blitz in ihr Leben geschlagen und hatte alles, was sie über die Liebe zu wissen glaubte, auf den Kopf gestellt. Die Tage waren wie im Flug vergangen, gefüllt  mit langen Gesprächen, gemeinsamem Lachen und Momenten stiller Zweisamkeit. Nie hatte sich Lena lebendiger gefühlt als in diesen Momenten, in denen sich ihre Hände berührten oder ihre Blicke sich trafen.

Aber wie so oft im Leben liegen die höchsten Höhen oft nahe an den tiefsten Tiefen, und die erste Liebe bringt neben unermesslicher Freude auch die Möglichkeit des Schmerzes mit sich.

Es war ein ganz normaler Dienstag, als die Nachricht eintraf, die Lenas Welt ins Wanken brachte. Alex, der bis dahin ihr sicherer Hafen gewesen war, hatte beschlossen, dass sich ihre Wege trennen würden. Die Gründe waren vage, gespickt mit Floskeln wie "Es liegt nicht an dir, sondern an mir" und "Ich brauche Zeit für mich". Worte, die mehr Fragen aufwerfen, als sie beantworteten.

In den folgenden Tagen fühlte sich Lena wie in einem Nebel gefangen. Die Schule, ihre Freunde, sogar ihre Lieblingsmusik, alles schien plötzlich farblos und leer. Sie lernte eine wichtige Lektion über die Liebe: dass sie ebenso zerbrechlich wie stark ist und dass das Ende einer Beziehung nicht das Ende der Welt bedeutet, auch wenn es sich zunächst so anfühlt. Inmitten des Schmerzes fand Lena Trost in den Gesprächen mit ihrer besten Freundin und in den sanften Worten ihrer Mutter, die ihr versicherte, dass Liebeskummer zwar wehtun kann, aber mit der Zeit auch heilt. Sie begann zu verstehen, dass jede Beziehung, ob kurz oder lang, glücklich oder schmerzhaft, eine Lektion enthält.

Eine Lektion über sich selbst, darüber, wie man liebt und was man in einer Beziehung schätzt und braucht. Mit der Zeit lernte Lena ihren Liebeskummer als Teil ihres Wachstumsprozesses zu akzeptieren. Sie erkannte, dass das Ende ihrer Beziehung mit Alex nicht das Ende ihrer Fähigkeit zu lieben und geliebt zu werden bedeutete.

Stattdessen war es ein Schritt auf dem langen und manchmal holprigen Weg des Erwachsenwerdens, ein Kapitel in ihrer Geschichte, das sie stärker und weiser gemacht hat. Lena blickte wieder aus dem Fenster, diesmal mit einem Gefühl der Dankbarkeit im Herzen. Dankbar für die Liebe, die sie erfahren hatte, und für den Schmerz, der ihr gezeigt hat, wie stark sie sein konnte.

Mit einem tiefen Atemzug öffnete sie ihr Tagebuch und begann zu schreiben, bereit, sich der nächsten Seite ihrer Geschichte zu stellen.

Zusammenfassung

Die Geschichte von Lena zeigt die emotionalen Höhen und Tiefen der Liebe. Sie erlebt die Freude der ersten Verliebtheit, aber auch den Schmerz des Verlustes, als ihre Beziehung in die Brüche geht. Durch diesen Prozess des Liebeskummers lernt Lena nicht nur über sich selbst, sondern auch über ihre Vorstellungen von Liebe und Beziehungen. Insgesamt zeigt die Geschichte, dass Liebe sowohl Freude als auch Schmerz bringen kann und ein wichtiger Teil des persönlichen Wachstums ist.

20 - Sexualität

Sexualität ist ein faszinierendes und komplexes Thema, das viele Aspekte deines Lebens berührt. Es bezieht sich nicht nur auf körperliche Handlungen, sondern auch auf deine Gefühle, Beziehungen, Identität und Selbstausdruck. Es ist wichtig zu verstehen, dass Sexualität ein natürlicher Bestandteil des Lebens ist, der sich im Laufe der Zeit entwickelt und verändert.

In der Pubertät beginnen viele Mädchen, Veränderungen an ihrem eigenen Körper zu bemerken. Dies kann Fragen und Neugier darüber aufwerfen, was mit deinem Körper passiert und wie du dich in Bezug auf andere Menschen und deine eigenen Bedürfnisse fühlst. Es ist wichtig zu wissen, dass diese Gefühle und Veränderungen normal und Teil des Erwachsenwerdens sind. Sexualität betrifft auch die Art und Weise, wie du dich selbst verstehst und ausdrückst, wie du Beziehungen zu anderen aufbaust und pflegst und wie du Liebe und Zuneigung erfährst.

Es ist normal, sich über Sexualität zu informieren und Fragen zu haben, und es ist wichtig, dass du dich dabei unterstützt fühlst, Antworten zu finden und dich wohl mit dir selbst und deinen eigenen Gefühlen zu fühlen.

- Anatomie und Physiologie: Dieser Bereich der

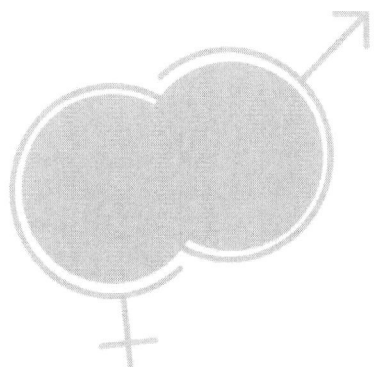

Sexualität beschäftigt sich mit dem Aufbau und den Funktionen der Geschlechtsorgane sowie den körperlichen Prozessen während der sexuellen Aktivität. Bei Mädchen umfasst dies das Verständnis der verschiedenen Teile des weiblichen Fortpflanzungssystems, wie der Vulva (die äußeren Genitalien), der Vagina (die innere Öffnung), dem Gebärmutterhals und der Gebärmutter. Es ist wichtig zu verstehen, wie diese Teile miteinander interagieren und wie sie sich während der Pubertät entwickeln, insbesondere im Hinblick auf den Menstruationszyklus und die Möglichkeiten einer Schwangerschaft. Außerdem umfasst dieser Bereich auch die Rolle von Hormonen, wie Östrogen und Progesteron, die nicht nur den Menstruationszyklus regulieren, sondern auch das sexuelle Verlangen und andere körperliche Veränderungen während der Pubertät beeinflussen können. Ein tieferes Verständnis der anatomischen und physiologischen Aspekte der Sexualität hilft Mädchen, ihren eigenen Körper besser zu verstehen und sich in Bezug auf ihre Sexualität sicherer zu fühlen.

- Emotionale und psychologische Aspekte: Dieser Bereich befasst sich mit den Gefühlen, Gedanken und Beziehungen im Zusammenhang mit der Sexualität. Mädchen erleben während der Pubertät oft eine Vielzahl von Emotionen in Bezug auf ihre sexuelle Identität, romantische Anziehung, Selbstwertgefühl und Körperbild. Es ist wichtig zu verstehen, dass sexuelle und romantische Gefühle normal sind und dass es keinen "richtigen" Weg gibt, sie zu erleben. Mädchen können verschiedene sexuelle Orientierungen haben und sich in Bezug auf ihre sexuelle Identität unterschiedlich fühlen. Die psychologischen Aspekte der Sexualität umfassen auch die Kommunikation in Beziehungen, das Einverständnis und die Achtung der Grenzen anderer. Ein tieferes Verständnis dieser emotionalen und psychologischen Aspekte hilft Mädchen dabei, gesunde Beziehungen aufzubauen, ihre eigenen Bedürfnisse und Grenzen zu erkennen und sich selbst zu akzeptieren.

- Kulturelle und soziale Einflüsse: Dieser Bereich betrifft die Art und Weise, wie Gesellschaften und kulturelle Normen die Wahrnehmung und den Umgang mit Sexualität beeinflussen. Mädchen werden oft mit verschiedenen Erwartungen und Normen konfrontiert, die von Familie, Schule, Religion, Medien und der Gesellschaft im Allgemeinen geprägt sind. Diese Erwartungen können sich auf Themen wie Geschlechterrollen, sexuelle Moralvorstellungen, Körperbild und Sexualerziehung auswirken.

106

Es ist wichtig zu erkennen, dass kulturelle und soziale Einflüsse die sexuelle Gesundheit und das Wohlbefinden von Mädchen beeinflussen können, und dass es wichtig ist, eine eigene reflektierte Perspektive zu entwickeln und sich nicht ausschließlich von externen Erwartungen leiten zu lassen. Ein tieferes Verständnis dieser Einflüsse ermöglicht es Mädchen, kritisch zu denken und informierte Entscheidungen über ihre sexuelle Gesundheit und ihre Beziehungen zu treffen.

- Biologische Aspekte: Dieser Punkt betrifft die körperlichen Veränderungen, die mit der Pubertät einhergehen und einen Einfluss auf die sexuelle Entwicklung haben. In der Pubertät beginnt der Körper sich zu verändern, wodurch Mädchen beginnen, ihre Geschlechtsreife zu erreichen. Diese Veränderungen umfassen das Wachstum der Brüste, das Wachstum von Schamhaaren, die Menstruation und die Entwicklung der Geschlechtsorgane. Es ist wichtig, diese biologischen Aspekte zu verstehen, um die körperlichen Veränderungen während der Pubertät besser zu bewältigen und sich mit den eigenen Bedürfnissen und Grenzen vertraut zu machen. Ein Verständnis für die biologischen Aspekte der Sexualität kann dazu beitragen, dass Mädchen sich wohler in ihrem eigenen Körper fühlen und besser informierte Entscheidungen über ihre sexuelle Gesundheit treffen können.

- Emotionale und psychische Aspekte: Die Entwicklung der Sexualität umfasst auch emotionale und psychische Komponenten. Während der Pubertät erleben Mädchen oft eine Vielzahl von Gefühlen, darunter Verwirrung, Neugier, Unsicherheit und Verlangen. Es ist normal, sich über diese Gefühle Gedanken zu machen und Fragen zu stellen. Die Auseinandersetzung mit den eigenen Emotionen und dem eigenen psychischen Wohlbefinden ist entscheidend für ein gesundes Verständnis der Sexualität. Mädchen sollen lernen, auf ihre Gefühle zu achten, sich selbst zu respektieren und ihre eigenen Grenzen zu setzen. Es ist wichtig, dass sie sich in ihrem eigenen Tempo entwickeln können und dass ihre Entscheidungen bezüglich ihrer Sexualität respektiert werden. Ein unterstützendes soziales Umfeld und offene Kommunikation über Gefühle und Bedürfnisse können Mädchen dabei helfen, ein gesundes Verhältnis zu ihrer Sexualität aufzubauen.

- Beziehungsdynamik: Die Entwicklung der Sexualität beinhaltet auch das Verständnis von Beziehungen und Interaktionen mit anderen. Mädchen sollen lernen, wie sie gesunde Beziehungen aufbauen und pflegen können, die auf Respekt, Vertrauen und Kommunikation basieren. Dies umfasst nicht nur romantische Beziehungen, sondern auch Freundschaften und familiäre Bindungen.

Es ist wichtig, dass Mädchen lernen, ihre eigenen Bedürfnisse und Grenzen in Beziehungen zu kommunizieren und sich für Beziehungen zu entscheiden, die ihnen guttun und sie unterstützen. Zudem sollten sie lernen, respektvoll mit den Grenzen anderer umzugehen und deren Einverständnis zu respektieren. Ein Verständnis für gesunde Beziehungsdynamiken trägt dazu bei, dass Mädchen positive und erfüllende Beziehungen in ihrem Leben aufbauen können.

Zusammenfassung

Sexualität umfasst verschiedene Aspekte des Lebens, von körperlichen Handlungen bis hin zu Gefühlen und Beziehungen. Während der Pubertät erleben Mädchen Veränderungen und haben Fragen zu ihrer Sexualität. Es ist wichtig, anatomische, physiologische, emotionale und psychologische Aspekte sowie kulturelle und soziale Einflüsse zu verstehen. Biologische Veränderungen wie die Brustentwicklung und hormonelle Schwankungen sind ebenfalls relevant. Eine gesunde Beziehungsdynamik ist entscheidend, um positive Beziehungen aufzubauen und Grenzen zu respektieren. Ein umfassendes Verständnis hilft Mädchen, sich in Bezug auf ihre Sexualität sicherer und selbstbewusster zu fühlen.

21 - Sexuelle Orientierung

Auf deinem Weg durch die Pubertät wirst du beginnen, mehr über dich selbst herauszufinden, und ein wichtiger Teil dieser Entdeckungsreise ist das Verständnis deiner Sexualität. Sexualität ist ein vielfältiges und weites Feld, das viel mehr umfasst als nur die Frage, wen wir lieben oder zu wem wir uns hingezogen fühlen. Es geht um unsere tiefsten Gefühle, wie wir Bindungen erleben und wie wir unsere Beziehungen gestalten.

Vielleicht stellst du fest, dass du dich zu Menschen des anderen Geschlechts hingezogen fühlst. Diese Anziehung kann auf verschiedenen Ebenen stattfinden - emotional, wenn du dich jemandem nahe fühlst und eine tiefe Verbindung spürst; romantisch, wenn du das Bedürfnis hast, mit jemandem zusammen zu sein; oder körperlich, wenn du körperliche Nähe suchst. Diese Form der Anziehung wird oft Heterosexualität genannt.

Es kann aber auch sein, dass du feststellst, dass deine Gefühle für Menschen des gleichen Geschlechts oder für beide Geschlechter stärker sind. Wenn du dich emotional, romantisch oder körperlich zu Menschen des gleichen Geschlechts hingezogen fühlst, wird dies als Homosexualität bezeichnet. Wenn man sich zu Menschen beider Geschlechter hingezogen fühlt, spricht man von Bisexualität.

Beides sind natürliche Erscheinungsformen der menschlichen Sexualität. Manche Menschen empfinden wenig oder gar keine sexuelle Anziehung. Das bedeutet nicht, dass sie keine tiefen, emotionalen oder romantischen Beziehungen führen können, sondern lediglich, dass der Aspekt der körperlichen Anziehung in ihren Beziehungen eine geringere oder gar keine Rolle spielt.

Diese Erfahrung wird als Asexualität bezeichnet. Asexuelle Menschen haben ein ebenso reiches und erfülltes Gefühlsleben wie alle anderen. Es ist wichtig zu verstehen, dass diese Gefühle und Anziehungen fließend sein können. Sexualität ist kein starrer Zustand, sondern kann sich im Laufe des Lebens verändern und entwickeln. Es gibt kein „richtig" oder „falsch", kein „normal" oder „unnormal". Jede sexuelle Orientierung ist ein gültiger und wertvoller Ausdruck menschlichen Erlebens. In dieser Zeit des Entdeckens und der Veränderung kann es hilfreich sein, offen zu sein für das Lernen und Verstehen der eigenen Gefühle.

Suche, wenn nötig, nach unterstützenden Ressourcen, sei es durch Bücher, vertrauenswürdige Websites oder Gespräche mit Menschen, denen du vertraust. Erinnere dich daran, dass deine Gefühle gültig sind und dass es in Ordnung ist, Fragen zu haben und nach Antworten zu suchen. Die Reise zur Selbstfindung ist ein persönlicher Prozess, und es gibt viele Wege, die du erkunden kannst, um herauszufinden, was für dich wahr und wichtig ist.

Zusammenfassung

In der Pubertät entdeckst du deine Sexualität, die weit über romantische Anziehung hinausgeht. Heterosexualität bezeichnet die Anziehung zum anderen Geschlecht, Homosexualität zum gleichen Geschlecht und Bisexualität zu beiden Geschlechtern. Manche Menschen empfinden wenig oder gar keine sexuelle Anziehung und gelten als asexuell. Diese Orientierungen können fließend sein und sich im Laufe des Lebens ändern. Es gibt keine festen Regeln oder Normen, jeder Ausdruck von Sexualität ist gültig und wertvoll. Es ist wichtig, offen dafür zu sein, die eigenen Gefühle kennen und verstehen zu lernen und gegebenenfalls nach unterstützenden Ressourcen zu suchen. Die Reise der Selbstfindung ist ein persönlicher Prozess, der viele erkundbare Wege bietet.

22 - Geschlechtsidentität

Geschlechtsidentität ist ein tiefes und persönliches Thema, das eng mit dem Kern dessen verbunden ist, wie wir uns selbst sehen und verstehen. Es geht um das innere Gefühl und die tiefe Überzeugung einer Person, einem bestimmten Geschlecht anzugehören - sei es männlich, weiblich, beidem, keinem oder irgendwo dazwischen auf dem breiten Spektrum der Geschlechtervielfalt.

Diese Reise des Selbstverständnisses und der Selbstakzeptanz ist für jeden Menschen einzigartig und kann sich im Laufe des Lebens entwickeln und verändern.

Das Spektrum der Geschlechtsidentität

Geschlechtsidentität ist vielfältig und umfasst mehr als die binären Kategorien „männlich" und „weiblich". Viele Menschen finden sich in diesen Kategorien wieder, aber andere fühlen, dass diese traditionellen Einteilungen nicht ihrem wahren Selbst entsprechen.

Nicht-binäre, genderqueere oder gender-fluide Menschen empfinden ihre Geschlechtsidentität außerhalb dieser Dichotomie oder bewegen sich zwischen den Geschlechtern. Transgender-Personen identifizieren sich mit einem anderen Geschlecht als dem, das ihnen bei der Geburt zugewiesen wurde. Es ist wichtig anzuerkennen, dass die Geschlechtsidentität jeder Person real und gültig ist, unabhängig davon, wo sie sich auf dem Spektrum der Geschlechtervielfalt befindet.

Die Bedeutung von Selbstakzeptanz und Selbstausdruck

Die Akzeptanz der eigenen Geschlechtsidentität und die Möglichkeit, sich entsprechend auszudrücken, sind entscheidend für das Wohlbefinden und die psychische Gesundheit. Sich selbst zu verstehen und zu akzeptieren, wer man ist, kann eine befreiende Erfahrung sein, aber auch eine Herausforderung, insbesondere in einer Welt, in der Geschlechternormen und -erwartungen oft starr sind. Es ist wichtig zu wissen: Du bist nicht allein. Es gibt eine wachsende Gemeinschaft und viele Ressourcen, die Unterstützung und Verständnis bieten können. Die Beschäftigung mit der eigenen Geschlechtsidentität kann Fragen aufwerfen und auch zu Herausforderungen im sozialen Umfeld, in der Familie oder in der Schule führen.

Es ist wichtig, Unterstützung zu finden, sei es durch Freunde, Familie, Beratungsstellen oder Online-Communities, die Erfahrungen austauschen und Hilfe anbieten. Erinnere dich daran, dass deine Gefühle gültig sind und dass es mutig und wichtig ist, Unterstützung zu suchen und Fragen zu stellen.

Ressourcen und Unterstützung

Für alle, die Fragen zur Geschlechtsidentität haben oder Unterstützung suchen, gibt es zahlreiche Ressourcen und Organisationen, die helfen können. Beratungsstellen, Informationsseiten im Internet und Selbsthilfegruppen bieten Raum für offene Gespräche, Informationen und Unterstützung.

Zusammenfassung

Die Geschlechtsidentität ist ein grundlegender Aspekt der menschlichen Erfahrung, der mit Respekt und Offenheit behandelt werden sollte. Jeder Mensch hat das Recht, seine Identität frei von Vorurteilen zu erkunden und auszudrücken. Dieser Prozess erfordert Geduld und Zeit, aber am Ende steht die Möglichkeit, ein authentisches und erfülltes Leben zu führen, das wirklich dem entspricht, wer man ist.

23 - Verhütung

Wenn wir über sexuelle Gesundheit sprechen, berühren wir ein Thema, das für viele Jugendliche von großer Bedeutung ist, aber auch mit vielen Fragen und manchmal Unsicherheiten verbunden sein kann. Ein wesentlicher Teil davon ist das Wissen um Verhütung und Schutz vor sexuell übertragbaren Infektionen (STIs) ``Sexuell übertragbare Infektionen``, das nicht nur wichtig ist, um eine ungewollte Schwangerschaft zu vermeiden, sondern auch um sicherzustellen, dass du und dein*e Partner*in gesund bleiben.

Für die Verhütung stehen dir viele Möglichkeiten zur Verfügung, die alle ihre Vor- und Nachteile haben. Kondome, zum Beispiel, bieten den Vorteil, sowohl vor einer Schwangerschaft als auch vor Geschlechtskrankheiten zu schützen. Sie sind einfach anzuwenden und rezeptfrei erhältlich. Es ist jedoch wichtig, dass sie richtig angewendet werden, um den Schutz zu maximieren.

Dann gibt es die Pille, die täglich eingenommen wird und den Eisprung durch Hormone verhindert.

Auch wenn sie eine hohe
Verhütungssicherheit
bietet, schützt sie nicht vor
Geschlechtskrankheiten,
d.h. Kondome sind nach wie
vor notwendig, um sich und
den Partner oder die
Partnerin vor Infektionen zu
schützen. Andere
hormonelle Methoden wie

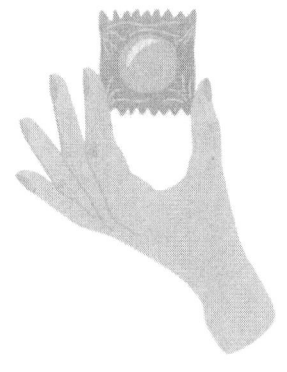

Spiralen, Hormonimplantate und Depotspritzen bieten
einen langfristigen Schutz vor Schwangerschaft,
erfordern aber eine ärztliche Beratung und eine
sorgfältige Abwägung deiner individuellen Gesundheit
und Bedürfnisse.

Neben hormonellen Methoden gibt es auch natürliche
Verhütungsmethoden, die ein tiefes Verständnis deines
Körpers und Zyklus erfordern. Auch wenn sie für
manche die bevorzugte Wahl darstellen, sind sie in der
Regel weniger zuverlässig als hormonelle oder
Barrieremethoden.

Es ist wichtig, dass du dich über jede dieser Methoden
informierst und diejenige wählst, die zu deinem
Lebensstil, deinen gesundheitlichen Bedürfnissen und
deiner Beziehung passt. Eine informierte Entscheidung
über Verhütung ist ein wichtiger Schritt hin zu einer
verantwortungsvollen und gesunden sexuellen
Beziehung.

Neben der Verhütung ist der Schutz vor Geschlechtskrankheiten ein weiteres wichtiges Thema. Kondome sind hier das A und O, denn sie sind die einzige Methode, die sowohl vor einer Schwangerschaft als auch vor einer Infektion schützt. Ein offenes Gespräch mit dem Partner oder der Partnerin über STIs, Verhütung und den letzten Gesundheitscheck ist ein Zeichen von Respekt und Fürsorge füreinander.

Letztlich gehört zu einem verantwortungsvollen Umgang mit deiner sexuellen Gesundheit auch, dass du regelmäßige Gesundheitschecks und gegebenenfalls STI-Tests in Anspruch nimmst. Es geht darum, gut auf dich und deinen Körper zu achten und sicherzustellen, dass du gesunde und erfüllende Beziehungen führst. Sexuelle Gesundheit ist ein weites Feld, das viele Aspekte deines Lebens berührt. Es geht nicht nur um die Wahl der richtigen Verhütungsmethode oder den Schutz vor Geschlechtskrankheite n, sondern auch um ein tiefes Verständnis deines Körpers, deiner 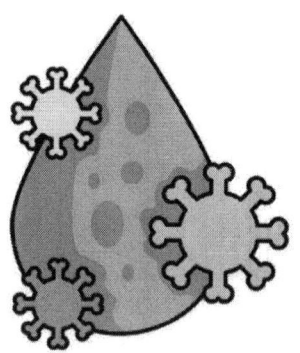 Bedürfnisse und deiner Grenzen. Selbstfürsorge und Selbstrespekt sind ein wichtiger Teil davon.

Natürliche Verhütungsmethode

Natürliche Verhütungsmethoden, oft auch als natürliche Familienplanung oder symptothermale Methoden bezeichnet, beruhen auf der Beobachtung körperlicher Anzeichen und Zyklus Muster, um die fruchtbaren Tage einer Frau zu bestimmen.

Während dieser fruchtbaren Tage wird dann auf Geschlechtsverkehr verzichtet oder es werden Barrieremethoden wie Kondome verwendet, um eine Schwangerschaft zu verhindern. Diese Methoden kommen ohne medikamentöse oder hormonelle Eingriffe aus. Hier einige der gebräuchlichsten natürlichen Verhütungsmethoden:

Kalendermethode (Knaus-Ogino-Methode)

Diese Methode basiert auf der Aufzeichnung der Menstruationszyklen über mehrere Monate, um die Zykluslänge und damit die ungefähren fruchtbaren Tage zu bestimmen. Die Kalendermethode setzt regelmäßige Zyklen voraus und erfordert eine sorgfältige Planung und Überwachung.

Basal Temperaturmethode

Bei dieser Methode wird die Körpertemperatur der Frau unmittelbar nach dem Aufwachen gemessen und aufgezeichnet.

Unmittelbar nach dem Eisprung steigt die Basaltemperatur leicht an und bleibt bis zur nächsten Menstruation auf einem etwas höheren Niveau. Durch die tägliche Aufzeichnung der Basaltemperatur über mehrere Zyklen können Muster erkannt und die fruchtbaren Tage identifiziert werden.

Vorteile der natürlichen Verhütungsmethoden
- Keine medikamentösen oder hormonellen Nebenwirkungen
- Fördert das Bewusstsein und das Verständnis für den eigenen Körper und den Menstruationszyklus
- Kann jederzeit ohne ärztliche Hilfe begonnen und beendet werden

Nachteile und Herausforderungen
- Erfordert Disziplin, tägliche Aufzeichnungen und genaue Beobachtung

- Weniger zuverlässig als einige andere Verhütungsmethoden, besonders wenn die Methoden nicht korrekt angewendet werden

- Bietet keinen Schutz vor sexuell übertragbaren Infektionen (STIs). Es ist wichtig, sich gründlich zu informieren und gegebenenfalls fachkundigen Rat einzuholen, bevor man sich für eine natürliche Verhütungsmethode entscheidet.

Jede Frau ist einzigartig, und was für die eine gut funktioniert, kann für die andere nicht die beste Lösung sein. Die Wahl der Verhütungsmethode ist eine persönliche Entscheidung, die gut informiert getroffen werden sollte.

Zusammenfassung

Sexuelle Gesundheit ist ein wichtiger Aspekt im Leben von Mädchen und beinhaltet sowohl Verhütung als auch Schutz vor sexuell übertragbaren Infektionen. Es gibt verschiedene Verhütungsmethoden wie Kondome, die Pille und natürliche Methoden, die alle ihre Vor- und Nachteile haben. Kondome sind die einzige Methode, die sowohl vor Schwangerschaft als auch vor Infektionen schützt. Natürliche Verhütungsmethoden basieren auf der Beobachtung körperlicher Anzeichen und erfordern Disziplin und genaue Beobachtung. Es ist wichtig, sich gut zu informieren und die Verhütungsmethode zu wählen, die am besten zu den eigenen Bedürfnissen passt. Neben der Verhütung sind regelmäßige Gesundheitschecks und gegebenenfalls STI-Tests wichtig für eine verantwortungsvolle sexuelle Gesundheit.

24 - Sexuelle Infektionen

STI ist die Abkürzung für „Sexually Transmitted
Infections", auch bekannt als sexuell übertragbare
Krankheiten. Sie werden hauptsächlich durch sexuelle

Kontakte übertragen, einschließlich vaginalem, analem
und oralem Geschlechtsverkehr. Einige STIs können
auch durch den Kontakt mit infiziertem Blut, den
gemeinsamen Gebrauch von Spritzen oder von einer
infizierten Mutter auf ihr Kind während der
Schwangerschaft, Geburt oder Stillzeit übertragen
werden.

Zu den Geschlechtskrankheiten gehört eine Vielzahl von Infektionen, die durch Bakterien, Viren, Pilze und Parasiten verursacht werden. Einige der häufigsten Geschlechtskrankheiten sind:

Chlamydien

Eine bakterielle Infektion, die oft keine Symptome zeigt, aber unbehandelt zu ernsthaften gesundheitlichen Problemen führen kann.

Gonorrhoe (Tripper)

Eine weitere bakterielle Infektion, die manchmal keine Symptome verursacht, aber unbehandelt zu Unfruchtbarkeit und anderen Gesundheitsproblemen führen kann.

Humanes Papillomavirus (HPV)

Ein Virus, das Genitalwarzen verursachen kann und mit einem erhöhten Risiko für bestimmte Krebsarten in Verbindung gebracht wird.

Herpes-simplex-Virus (HSV)

Ein Virus, das wiederkehrende Ausbrüche von schmerzhaften Bläschen, insbesondere im Genitalbereich oder im Mund, verursachen kann.

HIV (Humanes Immundefizienz-Virus)

Ein Virus, das das Immunsystem angreift und unbehandelt zu AIDS (Acquired Immune Deficiency Syndrome) führen kann.

Syphilis

Eine bakterielle Infektion, die verschiedene Stadien durchläuft und unbehandelt zu schweren Gesundheitsschäden führen kann.

Viele Geschlechtskrankheiten können mit Antibiotika oder anderen Medikamenten wirksam behandelt werden, insbesondere wenn sie früh erkannt werden. Einige, wie HIV und Herpes, sind nicht heilbar, können aber medikamentös behandelt werden, um die Symptome zu kontrollieren und eine Übertragung zu verhindern. Die beste Vorbeugung gegen sexuell übertragbare Krankheiten besteht darin, beim Geschlechtsverkehr Kondome zu verwenden und mit dem Partner offen über sexuelle Gesundheit und Tests auf sexuell übertragbare Krankheiten zu sprechen.

Es ist auch wichtig, sich regelmäßig untersuchen zu lassen, besonders wenn man sexuell aktiv ist, um die eigene Gesundheit und die von seinem Partner sicherzustellen. Die Aufklärung über STIs und ihre Prävention ist ein wesentlicher Bestandteil der sexuellen Gesundheit.

Zu wissen, wie Geschlechtskrankheiten übertragen werden, wie man sich davor schützen kann und wie sie behandelt werden, kann dir helfen, verantwortungsvolle Entscheidungen in Bezug auf deine sexuelle Gesundheit zu treffen.

25 - Sexueller übergriff

Sexuelle Übergriffe sind eine Reihe von Handlungen, bei

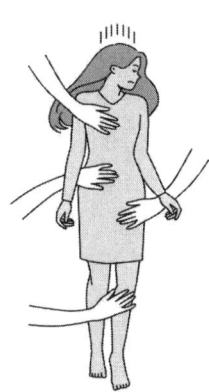

denen eine Person gegen ihren Willen oder ohne ihre ausdrückliche Zustimmung sexuellen Handlungen ausgesetzt ist. Dies kann von unerwünschten Berührungen, Küssen oder Umarmungen bis hin zu schwereren Formen körperlicher Übergriffe und Vergewaltigung reichen. Es ist wichtig zu verstehen, dass sexuelle Übergriffe sowohl physische als auch nicht-physische Handlungen umfassen können, die darauf abzielen, Macht, Kontrolle oder Autorität über eine andere Person auszuüben. Das Einverständnis spielt eine zentrale Rolle bei der Definition des sexuellen Übergriffs. Einwilligung bedeutet eine freie, bewusste und freiwillig gegebene Zustimmung zu sexuellen Handlungen. Sie muss für jede einzelne sexuelle Handlung gegeben werden und kann jederzeit widerrufen werden. Wer unter Alkohol- oder Drogeneinfluss steht, bewusstlos ist oder aus anderen Gründen nicht in der Lage ist, eine informierte Entscheidung zu treffen, kann nicht einwilligen. Sexueller Missbrauch ist ein Akt der Gewalt und Dominanz, der tiefgreifende und dauerhafte Auswirkungen auf das Wohlbefinden, die Gesundheit und das Selbstwertgefühl des Opfers haben kann.

Es ist wichtig zu betonen, dass sexuelle Übergriffe in jeder Beziehung und in jedem sozialen Umfeld vorkommen können, unabhängig von Alter, Geschlecht, sexueller Orientierung, sozialem Status oder Beziehung zum Täter. Opfer sexueller Übergriffe sollten wissen, dass sie nicht allein sind und dass das, was ihnen widerfahren ist, nicht ihre Schuld ist. Es gibt viele Ressourcen und Unterstützungsnetzwerke, die Hilfe, Beratung und Unterstützung bieten können. Das Sprechen über das Erlebte kann ein erster Schritt sein, um Unterstützung zu suchen und den Heilungsprozess einzuleiten.

Zusammenfassung

Sexuelle Übergriffe sind Handlungen, bei denen eine Person gegen ihren Willen oder ohne Zustimmung sexuellen Handlungen ausgesetzt ist. Das kann von unerwünschten Berührungen bis hin zu schwereren Formen von Gewalt reichen. Einverständnis ist entscheidend, und eine Person kann nicht einwilligen, wenn sie betrunken, bewusstlos oder anderweitig nicht in der Lage ist, eine informierte Entscheidung zu treffen. Sexueller Missbrauch hat schwerwiegende Auswirkungen auf das Opfer, unabhängig von Alter, Geschlecht oder Beziehung zum Täter. Opfer sollten wissen, dass sie nicht allein sind und Unterstützung finden können. Sprechen über das Erlebte kann helfen, den Heilungsprozess zu beginnen.

Zukunftsaussichten

Die Jugend wird oft als Vorbereitung auf das "wirkliche Leben" gesehen, sie bietet eine wertvolle Gelegenheit, über deine eigene Zukunft nachzudenken und Pläne für deine Zukunft zu schmieden.

Erkunde deine Interessen und Stärken: Nutze deine Jugend, um herauszufinden, was dich wirklich interessiert und worin du gut bist. Nimm an verschiedenen Aktivitäten, Kursen oder Projekten teil, um vielfältige Erfahrungen zu sammeln. Versuche verschiedene Hobbys aus, bis du das findest was dir wirklich spaß macht.

- Setze dir Ziele: Überlege dir, was du in der Zukunft erreichen willst. Setze dir kurz-, mittel- und langfristige Ziele und überlege dir, in welchen Schritten du diese erreichen willst. Ziele geben dir Orientierung und Motivation.

"Ziele sind wie Sterne - du erreichst sie nicht, wenn du nicht danach greifst."

- Informiere dich über Bildungs- und Berufswege:

Es gibt viele Wege, die du nach der Schule einschlagen kannst, von der Universität über eine Ausbildung bis hin zum Direkteinstieg ins Berufsleben.
Recherchiere Möglichkeiten, sprich mit Berufsberatern und nutze Praktika, um Einblicke in verschiedene Berufsfelder zu bekommen.
Informationsveranstaltungen wie Berufsmessen, Studien- und Ausbildungsmessen können dir einen guten Einblick verschaffen.

- **<u>Lerne, mit Unsicherheiten umzugehen</u>:** Es läuft nicht immer alles nach Plan. Es ist wichtig, flexibel zu bleiben und zu lernen, mit Rückschlägen und Veränderungen umzugehen. Sie gehören zum Leben und bieten oft ungeahnte Chancen.

- **<u>Entwickle die Fähigkeit zum lebenslangen Lernen</u>:** Welchen Weg du auch einschlägst, die Fähigkeit zu lernen und sich anzupassen, wird immer wertvoll sein. Entwickle Fähigkeiten wie kritisches Denken, Problemlösungs- und Kooperationsfähigkeit, die dir in Zukunft helfen werden. Indem du dich um dein Wohlbefinden kümmerst und bewusst über deine Zukunft nachdenkst, legst du den Grundstein für ein erfülltes Leben nach der Schule.

Denke daran, dass die Schulzeit eine Zeit der Entdeckung ist - sowohl von dir selbst als auch von den Möglichkeiten, die dir die Welt bietet.

Zusammenfassung

Die Jugendzeit ist eine spannende Phase, in der du über deine Zukunft nachdenken und Pläne schmieden kannst. Es ist die Zeit, um deine Interessen und Stärken zu erkunden, verschiedene Aktivitäten auszuprobieren und herauszufinden, was dir wirklich Spaß macht. Setze dir Ziele, sei es kurz-, mittel- oder langfristig, und arbeite Schritt für Schritt darauf hin. Denke darüber nach, welche Bildungs- und Berufswege für dich interessant sein könnten, und informiere dich darüber. Es ist okay, wenn nicht alles nach Plan läuft - bleibe flexibel und lerne, mit Veränderungen umzugehen. Die Fähigkeit zum lebenslangen Lernen wird dir immer von Nutzen sein, also entwickle sie frühzeitig. Denke daran, dass die Schulzeit eine Zeit der Entdeckung ist, sowohl von dir selbst als auch von den Möglichkeiten, die dir die Welt bietet.

26 – 50# Erziehungstipps

Ihre Tochter braucht jetzt dringender denn je Orientierung und Halt. Das schaffen Sie nur mit Sicherheit. Sicherheit entsteht durch Regeln und Erziehung. Aber es ist Feingefühl gefordert, denn Ihre Tochter ist empfindlicher und emotionaler als vor der Pubertät. Sie als Eltern sind die wichtigsten Personen im Leben Ihrer Tochter und gerade jetzt braucht sie Sie. Denn in der Pubertät schwankt alles, was vorher noch feststand. Beständigkeit und Sicherheit im heimischen Elternhaus sind daher wichtiger denn je. Die Eltern sollten dabei geduldig, aber auch berechenbar und klar bei Verstand handeln und kommunizieren. Wir möchten 50 hilfreiche Tipps zum besseren Umgang mit Ihrer pubertierenden Tochter geben und hoffen, dass Sie dadurch etwas Mut fassen, diese schwierige Phase im Leben Ihrer Tochter gemeinsam mit ihr durchzustehen.

Erziehungstipps für den Alltag:

1. Kombinieren Sie Verständnis mit klaren Regeln. Ihre Tochter braucht klare Regeln, die aber auch verständlich kommuniziert werden sollten, das heißt, Sie sollten an bestimmten Erwartungshaltungen und Verboten festhalten und diese vertreten, aber dennoch Verständnis für Ihre Tochter aufbringen, wenn sie dies nicht erfüllen möchte.

Setzen Sie die Regeln dennoch durch, indem Sie ihrer Tochter verständlich machen, worum es Ihnen geht. Ihre Tochter weiß es zwar nicht, aber sie braucht die festen Regeln, um die Orientierung zu behalten.

2. Kommunikation ist das A und O.
Wie bereits erwähnt, sollten Sie gerade in Bezug auf Regeln ordentlich kommunizieren, nicht laut werden oder stur reagieren! Finden Sie nachvollziehbare Argumente, die Ihre Regeln rechtfertigen und überzeugen Sie Ihre Tochter mittels Kommunikation. Behandeln Sie sie dabei nicht wie ein kleines Kind, sondern argumentieren Sie so, als wäre sie erwachsen. So fühlt sie sich trotz Regeln ernst genommen. Des Weiteren ist es wichtig, dass Sie generell mit Ihrer Tochter kommunizieren. Aber drängen Sie sie nicht dazu, mit Ihnen zu sprechen. Lassen Sie sie selbst kommen und stellen Sie keinen Zwang dar. So hat Ihre Tochter das Gefühl, von Ihnen ernst genommen zu werden und so kommunizieren zu können, wie sie es möchte. Ein Vertrauensverhältnis entsteht. Hören Sie Ihrer Tochter zudem gut zu, wenn sie auf Sie zukommt und reden möchte. Nehmen Sie das, was sie sagt, ernst. Lassen Sie sich aber, wenn möglich, nicht auf Streitgespräche ein. Nehmen Sie sich bei Konflikten Bedenkzeit und handeln Sie ruhig. Hitzige Streitgespräche führen zu nichts. In der Bedenkzeit hat auch Ihre Tochter Zeit, einen kühlen Kopf zu bewahren.

3. Entwickeln Sie Mitgefühl und Empathie für Ihr Kind. Denken Sie mal an Ihre eigene Pubertät oder fragen Sie Ihre Eltern, wie Sie sich in Ihrer Pubertät verhalten haben. Dadurch schaffen Sie es, etwas mehr Verständnis für die Situation Ihrer Tochter zu entwickeln und Sie können den einen oder anderen Gefühlsausdruck vielleicht auch eher mit Humor nehmen und Ruhe bewahren. An sich selbst sehen Sie am besten, dass die Pubertät irgendwann zu Ende geht.

4. Machen Sie Ihrer Tochter keine Vorwürfe. Pubertierende Mädchen sind sehr sensibel und reagieren oft ungehalten, zickig oder traurig auf bestimmte Dinge. Vorwürfe sollten in dieser Phase möglichst vermieden werden, das heißt, wenn Ihre Tochter einen Fehler gemacht hat oder Sie etwas stört, meckern Sie nicht gleich drauf los. Vor allem Sätze mit „Du hast" oder „Du sollst" bewirken bei den pubertierenden Jugendlichen oft das Gegenteil und enden in Emotionsausbrüchen und Streit. Besser ist es, wenn Sie Ihre Enttäuschung emotionaler verpacken. Sagen Sie Ihrer Tochter, wie Sie sich nach ihrem Fehltritt fühlen. Worte wie „Ich bin traurig darüber" oder „Ich bin enttäuscht" kann der Teenager besser verarbeiten und entsprechend reagieren.

5. Loben Sie Ihre Tochter, wenn es passt. Wenn Ihre Tochter etwas Gutes tut, loben Sie sie ruhig. Sie braucht in der Pubertät mehr Zuspruch als sonst.

Auch, wenn sie eigentlich selbstverständliche Dinge erledigt hat, schadet es nicht, sie ab und zu dafür zu loben. Lob und Anerkennung verdeutlichen auch, dass Sie stolz auf Ihre Tochter sind und sie in allem unterstützen möchten.

6. Blamieren Sie Ihre Tochter nicht. Jugendlichen ist vieles schnell peinlich. Dazu gehören leider auch ab und zu die Eltern. Kommen Sie daher nicht auf die Idee, sich Ihrer Tochter anpassen zu müssen, indem Sie sich zum Beispiel so kleiden oder so sprechen wie Ihr Sprössling. Manche Eltern wollen auf diese Art den Anschluss an ihre Kinder behalten und denken, es sei „cool", sich jugendlich zu benehmen. Aber das ganze Gegenteil ist der Fall. Ihrer Tochter ist es peinlich, wenn Sie sich „in Ihrem Alter" wie eine Jugendliche benehmen. In dieser Beziehung müssen Sie kein Vorbild für Ihre Tochter sein. Denken Sie auch daran, dass sich Ihre pubertierende Tochter gerade ganz bewusst abgrenzen möchte. Schließlich soll sie eine eigene Identität und Persönlichkeit entwickeln und dazu gehört am Anfang eben auch ein anderer Kleidungsstil und die Jugendsprache (die es im Übrigen auch in Ihrer Pubertät gab).

7. Haben Sie Verständnis für optische Trends. Pubertierende Mädchen schauen sich viel von anderen ab, seien es Gleichaltrige, etwas ältere Jugendliche oder auch Stars aus TV, Musik und Internet. Das gilt besonders für Kleidung.

Nicht selten verlangen die Mädchen jetzt die angesagtesten, und leider auch teuersten, Klamotten, am besten von den trendigsten Marken. Diese Phase sollten Sie verstehen, aber Sie müssen nicht alles mitmachen. Am besten legen Sie ein Budget fest, welches für Kleidung ausgegeben werden darf. Wenn dieses Budget überschritten ist, muss Ihre Tochter den Rest selbst bezahlen. Wenn Ihre Tochter nämlich ihr wertvolles Taschengeld für die neuesten Trends ausgeben muss, wird sie lernen, was Geld bedeutet und dass es eben nicht immer das neueste Kleidungsstück sein muss. So lernt sie auch den sorgsamen Umgang mit Geld und schätzt gewisse Dinge mehr wert. Auch bei freizügiger Kleidung sollten Sie ein Auge darauf haben. Besonders junge Mädchen in der Pubertät wollen ihre neuen weiblichen Kurven zur Schau stellen oder passen sich eben Idolen aus den Medien an. Hier sollten Sie aufpassen, dass Ihre Tochter trotzdem noch altersgerecht gekleidet ist. Vertreten Sie ruhig Ihre Meinung, argumentieren Sie schlüssig und im Notfall verbieten Sie auch das ein oder andere besonders weit ausgeschnittene Top. Hier können auch gemeinsam Kompromisse gefunden werden.

8. Nehmen Sie jedes Problem Ihres Teenagers ernst. Ja, die Probleme eines pubertierenden Jugendlichen kommen Erwachsenen meist lächerlich und nichtig vor. Das mag sein. Für UNS sind sie das ja auch, aber nicht für Ihre Tochter.

Für Ihre Tochter sind diese vermeintlich kleinen Probleme fundamental und krisenreich. Ihre Tochter möchte entsprechend ernst genommen werden, besonders wenn sie Sie nach Rat fragt. Nehmen Sie also auch kleine Probleme ernst. Ihr Teenager sieht die Welt etwas anders als Sie.

9. Klären Sie Ihre Tochter über das Notwendigste auf. Ihre Tochter ist zwar in der Pubertät, aber sicher nicht auf den Kopf gefallen. Die meisten Mädchen im Pubertätsalter sind bereits durch die Schule oder die Medien aufgeklärt. Aber dennoch wissen viele Mädels im Alter eben doch noch nicht so genau Bescheid oder scheuen sich, Fragen zu stellen. Sexualität ist in der Pubertät ein wichtiges Thema. Da das Gespräch mit dem Vater für Mädchen in dieser Beziehung eher unangenehm ist (das beruht sicher auf Gegenseitigkeit), sollten sich Väter hierbei zurückhalten. Viel schöner ist auch das Gespräch mit der Mama, die eben auch eine Frau ist und viel sensibler mit dem Thema umgehen kann. Mütter sollten sich sehr feinfühlig an das Thema herantasten.

Die wenigsten Mädchen kommen von allein zu ihren Eltern, wenn es um Sex geht. Tasten Sie sich vorsichtig heran, überrumpeln Sie Ihre Tochter dabei aber nicht. Wenn Sie merken, dass es Ihrer Tochter eher peinlich ist, lassen Sie das Thema vorerst ruhen.

Aber meistens kommt irgendwann der richtige Moment, um alle ungeklärten Fragen mit der Tochter zu besprechen und die fehlende Aufklärung zu erfüllen.

10. Helfen Sie Ihrer Tochter bei der ersten Regelblutung. Die erste Periode ist ein sehr unangenehmes und verwirrendes Thema für die jungen Mädchen, aber es ist wichtig. Auch hier sollten sich die Väter lieber zurückhalten und ihre Frauen walten lassen. Mütter können ihre Töchter bei diesem Thema viel besser verstehen und ihnen helfen.

Wahrscheinlich ist kein Vater böse darum, sich nicht mit dem Thema auseinandersetzen zu müssen. Von Frau zu werdender Frau macht sich das auch viel besser. Denn obwohl jedes Mädchen weiß, dass sie irgendwann geschlechtsreif ist und ihre erste Periode bekommen wird, ist dieser Moment oft ein Schock und super verwirrend. Besonders, wenn neben der Regelblutung auch der Bauch wehtut, die Übelkeit einen übermannt und man sich einfach unsauber fühlt. Bei Beschwerden und auch beim Finden der richtigen Hygieneprodukte kann die Mama helfen.

Hierbei ist es auch wichtig, nicht von Mutter zu Kind zu reden, sondern wirklich von Frau zu Frau. So fühlt sich Ihre Tochter auch besser aufgehoben und ernst genommen. Nicht selten feiern Mütter sogar den Tag der ersten Periode mit ihren Mädchen.

Das nimmt den Mädchen den ersten Schreck und zeigt, dass die Periode nichts Schlimmes, sondern etwas Positives für die Entwicklung ist. Wie wäre es zum Beispiel mit einem gemeinsamen Fernsehabend unter Frauen mit viel Schokolade und Eis? Schön ist auch ein gemeinsamer Ausflug, denn das lenkt gleichzeitig auch vom ersten Schreck ab.

11. Konsequent sein, auch wenn es schwer fällt. Wenn Sie klare Regeln aufgestellt haben, sollten Sie auch konsequent sein. Ausnahmen bestätigen die Regel, das ist richtig. Aber Sie sollten Ihre eigenen Regeln nicht ständig durch Kompromisse austauschen. Wenn Sie ständig Ausnahmen machen, um vielleicht Streitigkeiten mit Ihrer Tochter aus dem Weg zu gehen, untergraben Sie damit Ihre Autorität und pubertierende Mädchen brauchen Regeln und sollten lernen, Ihre Vorgaben zu erfüllen.

12. Seien Sie ein Vorbild. Auch wenn Ihre Tochter vielleicht gerade rebelliert und ihre Eltern nur noch peinlich findet, sind Sie trotzdem immer in einer Vorbildrolle für sie. Verlangen Sie daher nichts von Ihrer Tochter, was Sie nicht selbst auch tun würden. Gegenseitiger Respekt und Verständnis sind wichtig. Besonders in Bezug auf klare Regeln können Eltern unbewusst sehr gute Vorbilder sein.

Aber auch in der Kommunikation und beim Verhalten haben Sie die Aufgabe, Ihrer Tochter im Alltag zu zeigen, wie es geht. Besonders, weil Ihre Tochter gerade den Weg in Richtung Erwachsensein geht und sich entsprechend verhalten sollte.

13. Hören Sie Ihrer Tochter aufmerksam zu.
Ihre Tochter sollte bei ihren Eltern immer das Gefühl haben, angehört zu werden. Sie sollte wissen, dass sie mit allen Sorgen und Nöten zu Ihnen kommen kann und ihr zugehört wird.
Oft finden sich tatsächlich auch gemeinsam viel einfacher Lösungen für Probleme und Konflikte.

14. Bleiben Sie ruhig.
Auch wenn Sie manchmal wirklich die Geduld verlieren und Ihnen die Stimmungsschwankungen Ihrer Tochter auf die Nerven gehen: Bleiben Sie ruhig! Atmen Sie tief durch und schlucken Sie die Wut auch mal herunter. Ihre Tochter meint ihr Verhalten nicht persönlich. Zudem lassen sich besser Konflikte und Lösungen finden, wenn Sie einen kühlen Kopf bewahren. Wenn Sie ruhig und sachlich bleiben, nimmt Sie Ihr Kind auch ernster. Wer laut wird und rumschreit, bewirkt gerade bei pubertierenden Jugendlichen nur das Gegenteil.

15. Bestrafen Sie Ihre Tochter nicht durch Schweigen.
Im Gegensatz zum Laut werden, strafen viele Eltern ihre pubertierenden Kinder auch mit Schweigen, wenn es ihnen zu viel wird.

Aber das kann schwerwiegende Folgen haben. Erstens schwächt es Ihre Bindung zu Ihrer Tochter und zweitens geht auf diese Art auch der Kontakt verloren. Ihre Tochter wird mit Sorgen und Problemen nicht mehr zu Ihnen kommen, weil ihr das Vertrauen fehlt. Außerdem müsste sie bei jedem Fehltritt Angst haben, dass ihre Eltern nicht mehr mit ihr reden. Damit ist auf lange Sicht niemandem geholfen.

16. Übertreiben Sie nicht mit Sanktionen.
Strafe muss manchmal sein, da sind sich wohl alle Eltern einig. Es ist eben auch manchmal notwendig, konsequent zu sein, um der Tochter Grenzen aufzuzeigen. Allerdings sollte man nicht alles immer gleich bestrafen. Seien Sie gerade bei Kleinigkeiten ruhig einmal nicht so streng. Wählen Sie Strafen auch immer mit Bedacht und nur für eine bestimmte Zeit. Hausarrest zum Beispiel ist in Ordnung, aber Ihre Tochter rebelliert schnell dagegen, da sie sich eingeschränkt und eingesperrt fühlt. Daher sollten Ihre Sanktionen immer mit Sinn gewählt werden. Sie sind dazu da, damit das Mädchen etwas aus ihren Fehlern lernt, nicht aber, um sie einfach zu ärgern oder zu quälen.

17. Sprechen Sie auch mit den Geschwistern.
Besonders Geschwister, egal ob jünger oder älter als Ihre Tochter, haben es oft nicht leicht.

Nur selten verstehen sie die Art und Weise ihrer pubertierenden Schwester und oft kriegen sie auch die geballte emotionale Ladung ab. Das bringt natürlich Konflikte und Streit und der Haussegen hängt schief. Sprechen Sie daher auch mit den Geschwistern und versuchen Sie, ihnen die Pubertät zu erklären und Verständnis von Ihnen zu erhalten. Ältere Geschwister müssen noch genau wissen, wie es für sie selbst war, als die Pubertät eintrat.

Jüngere Geschwister verstehen das Ganze noch gar nicht und brauchen entsprechend Aufklärung. Empathie ist nicht nur bei den Eltern wichtig, sondern auch bei allen anderen Familienmitgliedern im Haus.

18. Gestehen Sie Ihrer Tochter Freiräume ein.
Ab sofort wird es normal sein, dass Ihre Tochter sich im Bad einschließt und dort gefühlt mehrere Stunden zubringt. Auch wird ihr Zimmer immer öfter zur Ruhezone, in der sie nicht gestört werden möchte. Räumen Sie Ihrer Tochter diese Freiräume innerhalb ihres Zuhauses ruhig ein. Erstens ist das Verlangen von etwas mehr Privatsphäre absolut legitim und zweitens gehört auch diese Art des Abkapselns einfach zur Pubertät dazu.

19. Lassen Sie Ihre Tochter los.
Ihre Tochter hat keine Lust auf einen Familienausflug und möchte sich lieber mit ihren Freundinnen treffen?

Das ist vollkommen normal und sollte von Ihnen auch akzeptiert werden. Ihre Interessen gehen jetzt in eine andere Richtung und sie hat nun mal nicht immer Lust, Zeit mit ihren Eltern und Geschwistern zu verbringen. Lassen Sie Ihrer Tochter diesen Freiraum, sofern es möglich ist.

20. Lassen Sie Ihre Tochter eigene Erfahrungen machen. Vielen Eltern fällt es schwer, ihre Kinder ziehen zu lassen. Sie sehen, wenn die Tochter einen Fehler macht und möchten das natürlich verhindern.

Das ist ganz normal und gehört zum Beschützerinstinkt von Eltern dazu. Aber auch wenn Sie nur das Beste für Ihre Tochter möchten, muss sie bestimmte Erfahrungen einfach alleine machen und da sind nun mal auch schlechte dabei, aus denen sie aber lernen kann. Erfahrungen machen gehört zum Leben dazu und bereiten Ihre Tochter auch auf das Erwachsensein vor. Sie dürfen ihr natürlich dennoch Ratschläge geben und mit Rat und Tat zur Seite stehen. Aber machen Sie ihr keine Vorschriften.

Erziehungstipps für die Nutzung digitaler und sozialer Medien:

Besonders für die heutige Zeit spielen Medien und vor allem Social Media eine tragende Rolle für Ihre Kinder. Besonders die sozialen Medien haben einen enormen Einfluss auf das Leben der Jugendlichen und können dabei auch ein Risiko darstellen. Die Nutzung dieser Medien zu verbieten, ist Unsinn.

Aber Sie können ein paar Tipps beherzigen, um etwas Kontrolle über die Nutzung der digitalen und sozialen Medien zu behalten.

1. Überlegen Sie sich eine Strategie.
Eltern sollten hier an einem Strang ziehen und sich gemeinsam eine sinnvolle Strategie für die Nutzung von digitalen und sozialen Medien durch ihre Tochter entwickeln. Welche Seiten darf die Tochter besuchen? Welche sind tabu? Was ist erlaubt und was möchten Sie vorher wissen?
Wie viel Zeit darf Ihre Tochter im Internet verbringen und so weiter. Legen Sie feste Regeln fest und kommunizieren Sie diese mit passenden Argumenten an Ihre Tochter.

2. Entwickeln Sie selbst Interesse zum Thema Medien.
Um zu wissen, wo die Gefahren und auch Vorteile der digitalen und sozialen Medien liegen, sollten Sie selbst Interesse zeigen. Schauen Sie selbst, welche sozialen Netzwerke es gibt, was dort geteilt und gezeigt wird und was Ihrer Tochter daran so wichtig ist. Sprechen Sie ruhig auch mit Ihrer Tochter darüber, was sie interessiert und machen Sie ihr deutlich, dass Sie Interesse an dem Thema haben.

3. Sprechen Sie mit Ihrer Tochter.
Sprechen Sie Ihre Tochter ruhig offen darauf an, was sie an sozialen Medien so mag und was ihr wichtig ist. Sammelt sie begeistert Likes unter bestimmten Fotos?

Warum ist ihr das so wichtig und was assoziiert sie mit solchen Handlungen?

4. Teilen Sie die Kosten mit Ihrer Tochter.
Wenn Ihre Tochter extrem viel Zeit mit digitalen Medien verbringt, sollten Sie darüber nachdenken, Sie an den Kosten zu beteiligen. Besonders die Nutzung von internetfähigen Geräten wie Smartphones und Co., aber auch die Nutzung des Internets kosten jeden Monat Geld.

Auf diese Weise nutzt Ihre Tochter diese Medien etwas vorsichtiger und lernt, die Kosten, die dieses Hobby auslöst, besser zu schätzen. Sie kann die Ressourcen wesentlich sinnvoller nutzen, wenn sie finanziell beteiligt ist.

5. Legen Sie eine tägliche Mediennutzungszeit fest.
Wenn Ihre Tochter viel Zeit im Internet verbringt, legen Sie eine feste Zeit pro Tag fest. So haben Sie den Internetkonsum Ihrer Tochter besser im Blick und Ihre Tochter hockt nicht den ganzen Tag vor Bildschirm, Tablet oder Smartphone. Ausnahmen können schulische Aktivitäten sein, die mehr Zeit beanspruchen als die festgesetzte Nutzungszeit.

Erziehungstipps für die Zeugnisausgabe

1. Trösten Sie bei schlechten Noten.

Bringt Ihre Tochter ein mittelmäßiges bis schlechtes Zeugnis nach Hause, wird sie selbst nicht stolz auf ihre Leistung sein. Deshalb sollten Sie nicht gleich schimpfen oder sogar bestrafen. Nehmen Sie Ihre Tochter lieber in den Arm und versuchen Sie, Verständnis zu haben. Es ist nicht selten, dass die schulische Leistung in der Pubertät etwas leidet. Wenn Ihre Tochter von sich aus schon frustriert über die schlechten Zensuren ist, müssen Sie nicht noch einen drauflegen. Zeigen Sie Ihrer Tochter lieber, dass Sie auch bei schlechter Leistung hinter ihr stehen und ihr helfen.

2. Finden Sie bei Notenabfall eine gemeinsame Lösung.

Jede schlechte Note hat ihren Grund. Versuchen Sie, gemeinsam mit Ihrer Tochter eine Lösung für das Problem zu finden. Wo sind die Schwierigkeiten verankert und was könnte helfen? Eventuell lernen Sie zukünftig mehr mit Ihrer Tochter zusammen oder aber sie finden andere Lösungsansätze zur Verbesserung der Noten, zum Beispiel Nachhilfe.

3. Bleiben Sie gelassen.

Natürlich ist es ärgerlich, wenn die eigene Tochter mit schlechten Noten nach Hause kommt. Aber alles schimpfen oder unzufrieden zu sein, hilft an dieser Stelle keinem weiter. Erstens ist noch nichts zu spät und zweitens gehört Versagen auch zum Leben eines Erwachsenen.

Die Zukunft ist wichtiger und an dieser kann man noch etwas ändern und am Problem arbeiten.

4. Loben Sie Ihr Kind bei guten Noten.
Bringt Ihre Tochter trotz pubertären Leben gute Noten mit nach Hause, loben Sie sie. Erfolg, egal wie klein dieser ist, sollte immer wertgeschätzt werden, sei es durch liebe Worte oder eine Geste. So lernt Ihre Tochter, dass Fleiß sich auszahlt und lohnt. Selbiges gilt übrigens auch für eine Verbesserung des Zeugnisses. Lob hat schließlich noch niemandem geschadet.

5. Belohnen Sie Ihre Tochter.
Ist das Zeugnis gut oder hat sich Ihre Tochter verbessert, können Sie sich auch eine kleine Belohnung ausdenken. Diese kann vor der Zeugnisausgabe mit Ihrer Tochter vereinbart werden, um sie zum Lernen und zum Fleiß zu motivieren. Sie kann aber auch als einfache Überraschung für eine gute Leistung erfolgen. Dabei geht es nicht um große Geschenke, sondern um kleine Gesten, die den Fleiß Ihrer Tochter belohnen und sie auch zukünftig motivieren, so weiter zu machen. Das könnte ein erfüllter Wunsch Ihrer Tochter sein oder ein gemeinsamer Ausflug und Ähnliches.

Erziehungstipps bei Mobbing:
Mobbing ist besonders häufig bei pubertierenden Jugendlichen vertreten und Mobbing hat leider viele Gesichter. Jugendliche in der Pubertät vergleichen sich gern mit Gleichaltrigen, testen ihre Grenzen aus und

haben nur wenig Empathievermögen. Mobbing ist dabei nicht nur verbal, in Form von Hänseleien, Drohungen oder Spott. Mobbing kann auch körperlich sein oder indirekt, indem das Opfer ausgegrenzt wird. Jedem Jugendlichen tut Mobbing unglaublich weh. Es ist eine Herabsetzung der eigenen Person und eine Art der Abgrenzung, die viel mit dem Selbstbewusstsein und dem Selbstwertgefühl macht. Eltern sollten daher besonders achtsam sein, wenn der Verdacht des Mobbings im Raum steht.

1. Schaffen Sie Vertrauen und Offenheit.
Wird Ihre Tochter in der Schule gemobbt, braucht es umso mehr Halt zuhause. Schaffen Sie ein Vertrauensverhältnis zu Ihrer Tochter und helfen Sie ihr, offen über das Thema zu sprechen. Das hilft ihr, mit der Situation besser umzugehen und Selbstsicherheit zurückzugewinnen. Vertrauen entsteht auch dann, wenn Ihre Tochter weiß oder merkt, dass Sie das Problem des Mobbings nicht direkt mit dem Nachbarn oder der Klassenlehrerin besprechen.

2. Hören Sie Ihrer Tochter zu und schenken Sie dem Gesagten Glauben.
Dieser Punkt ist extrem wichtig. Wenn Ihre Tochter von Mobbing-Attacken berichtet, nehmen Sie das bitte ernst und hinterfragen Sie nichts. Tun Sie das Thema nicht einfach so ab oder spielen Sie es herunter.

3. Helfen Sie Ihrer Tochter, das Problem bewusst wahrzunehmen.

Viele Jugendliche wissen zwar, dass sie gemobbt werden, aber sie können das Problem oder die Situation nur schlecht in Worte fassen. Helfen Sie Ihrer Tochter dabei, indem sie gezielte Fragen stellen. Dabei reichen schon Fragen nach dem Befinden, wie sie sich fühlt oder was sie dabei denkt. So helfen Sie Ihrer Tochter auch dabei, sich bewusst mit dem Thema auseinanderzusetzen und aufkommende Emotionen anzunehmen.

4. Lassen Sie Emotionen und Gefühle Ihrer Tochter zu.

Egal, ob Ihre Tochter traurig, wütend oder gereizt auf das Mobbing reagiert: Nehmen Sie die Emotionen so hin, wie sie kommen. Schämt sich das Mädchen für die Mobbing-Attacken auf sie? Wirkt es gereizt und angeschlagen? Dann ist das für den Moment so. Stimmungsschwankungen sind in der Pubertät keine Seltenheit, aber in diesem Fall wirklich wichtig und richtig. Ihr Mädchen sollte gezeigt bekommen, dass sie ihren Emotionen zuhause freien Lauf lassen kann und dass sie als Eltern akzeptieren, wie es ihm geht. Es ist ok.

5. Fragen Sie nach und informieren Sie sich.

Um Ihrer Tochter zu helfen, fragen Sie nach mehr Informationen. Was ist passiert? Wer steckt dahinter und wie oft kommt das schon vor?

Das zeigt Ihrer Tochter auch, dass Sie das Thema ernst nehmen und ihr helfen möchten.

6. Behalten Sie Ihr Kind im Auge.
Um die Wirkung des Mobbings abschätzen zu können, sollten Sie Ihre Tochter beobachten. Zeigt sie psychische Veränderungen oder sogar körperliche? Könnte eine größere Schädigung vorliegen, als sie zugibt? Bleiben Sie am Problem dran und achten Sie auch auf die Zeichen Ihrer Tochter, die nicht offensichtlich sind.

7. Vermeiden Sie Beschuldigungen oder Abwertungen.
Mobbing wird nicht immer ernst genommen. Oft reagieren Eltern auch stressbedingt oder weil der Zeitpunkt des Geständnisses nicht passt, anders als es richtig wäre. Mit Sätzen wie „Dann musst du mal was dazu sagen" oder „Wehr dich doch mal" und ähnlichen Worten helfen Sie Ihrer Tochter überhaupt nicht. Ganz im Gegenteil, solche Äußerungen vermitteln Ihrer Tochter eher das Gefühl, dass sie selbst die Schuld am Mobbing trägt und sie fühlt sich allein gelassen.

8. Finden Sie gemeinsam eine Lösung.
Handeln Sie nicht eigenmächtig und über den Kopf Ihrer Tochter hinweg, wenn Sie gegen das Mobbing vorgehen wollen. Oft haben die Mädchen Angst vor möglichen Folgen oder davor, dass sich das Mobbing noch verschlimmert, wenn sich die Erwachsenen einmischen.

Versuchen Sie, gemeinsam eine Lösung zu finden. Mit wem könnte man sprechen? Wer kann helfen? Fragen Sie Ihre Tochter auch direkt, wie Sie ihr helfen können und was sie möchte. Haben Sie dabei Geduld mit Ihrem Kind, der Schritt ist nicht leicht.

9. Zeigen Sie sich nicht zu emotional.
Erzählt Ihnen Ihre Tochter, dass sie gemobbt wird, reagieren Sie lieber nicht zu impulsiv. Zwar darf Ihre Tochter alle in ihr schlummernden Emotionen offen zeigen, aber Sie sollten damit sparsam sein. Natürlich trifft es Sie, wenn Ihre Tochter Ihnen davon berichtet. Das ist vollkommen normal.
Aber Hasstiraden und Schimpfereien auf andere Kinder, die Lehrer oder gar Eltern helfen in diesem Moment niemandem. Das könnte Ihre Tochter sogar noch mehr verunsichern, weil sie Angst haben muss, dass Sie sich nicht im Griff haben und sofort losziehen, um das Problem auf ihre Art zu lösen. Solche Emotionen können Mobbing-Situationen tatsächlich noch schlimmer machen. Konzentrieren Sie sich lieber auf die Gefühle Ihrer Tochter und machen ihr lediglich deutlich, dass Mobbing nicht in Ordnung ist.

10. Gehen Sie zusammen mit Ihrer Tochter gegen das Mobbing vor.
Wenn Sie mit Ihrer Tochter eine Lösung gefunden haben, die für Sie und für Ihre Tochter in Ordnung ist, gehen Sie das Problem auch gemeinsam an.

Wer Hand in Hand handelt, erzeugt eine besondere Bindung und Ihre Tochter weiß, dass sie zwar selbstbestimmt agieren, aber sich dennoch auf Sie verlassen kann.

Erziehungstipps zu den Mahlzeiten:

Gemeinsam Mahlzeiten sind für eine Familie und die zwischenmenschliche Beziehung innerhalb dieser Institution enorm wichtig. Leider sehen das die pubertierenden Teenager nicht immer so und wollen sich lieber vom Familienleben abkapseln. Aber mit ein paar Tipps bekommen Sie auch dieses Problem sicher gelöst.

1. Lassen Sie Ihre Tochter mehr teilhaben.

„Essen ist fertig!" und alles erscheint am gedeckten Tisch. Ist zwar schön und gut, wird aber irgendwann zum Zwang für ihre Tochter, erst recht, wenn sie gerade etwas ganz anderes, natürlich viel Wichtigeres macht. Bieten Sie ihrer Tochter daher an, mit zu entscheiden, was es wann zum Essen gibt. Vielleicht hat sie auch Lust, einmal in der Woche gemeinsam mit ihnen zu kochen oder sogar allein für alle etwas zuzubereiten. So fühlt sich Ihre Tochter selbstbestimmt, weniger unter Druck gesetzt, ernst genommen, kann mitentscheiden und es stärkt zudem den Zusammenhalt innerhalb der Familie. Die Zeit in der Küche kann dann auch für die Kommunikation genutzt werden.

2. Essensentzug ist keine Bestrafung.

Wenn Ihre Tochter sich daneben benimmt oder Mist baut, bestrafen Sie sie niemals mit Essensentzug oder Ausschluss vom gemeinsamen Familienessen. Das ist zum einen ungesund für Ihren Teenager und zum anderen reagiert das Mädchen erst recht mit Trotz. Auch kommt es auf Dauer zu einem Bruch in der Eltern-Kind-Beziehung.

3. Zwingen Sie Ihre Tochter nicht zum Essen.

Pubertierende Jugendliche sind auf Selbstfindungskurs und entwickeln somit auch ihren ganz eigenen Geschmack. Ihnen kann man auch nichts mehr vormachen, was schmeckt und was gesund ist. Das wissen sie mittlerweile selbst ganz gut.

Daher sollten Jugendliche niemals gezwungen werden, etwas Bestimmtes zu essen, was sie nicht mögen. Zeigen Sie Ihrer Tochter auf diesem Wege, dass Sie sie als Erwachsene wahrnehmen und sie selbst entscheiden darf, was sie isst und was sie lieber liegen lässt. Dasselbe gilt übrigens auch fürs Aufessen. Der Trick mit dem schönen Wetter wird bei einem pubertierenden Mädchen keinen Zweck mehr erfüllen.

4. Führen Sie Ihre Tochter an gesundes Essen heran.

Viele Mädchen im Pubertätsalter legen vielmehr Wert auf ihre Figur als vorher. Das liegt auch daran, dass sich die Figur verändert und das Becken weiblicher geformt ist.

Viele Mädchen sehen das dann als fett an und reden sich, mit Unterstützung durch diverse Medien, ein, dass sie zu dick seien. Achten Sie darauf, dass sich Ihre Tochter in dieser Phase gesund ernährt, anstatt gar nichts zu essen, um abzunehmen. Zeigen Sie ihr, wie gesunde Ernährung funktioniert und unterstützen Sie sie dabei. So isst Ihre Tochter vernünftig, bleibt gesund und Sie haben das Essverhalten unter Kontrolle.

5. Zeigen Sie sich flexibel.
Viele Familien pflegen feste Essenszeiten, besonders an den Wochenenden. Machen Sie sich ab und zu mal frei von diesen Regeln. Wenn Ihre Tochter am Abend noch eine halbe Stunde länger mit ihrer Freundin telefonieren möchte oder unterwegs ist, lassen Sie ihr den Freiraum. Es schadet niemandem, auch mal eine halbe oder ganze Stunde später zu essen.
Wichtiger ist doch das Beisammensein , ganz gleich, zu welcher Zeit. Außerdem empfindet Ihre Tochter das gemeinsame Essen auf diesem Wege nicht als Zwang oder Notwendigkeit an und nimmt lieber daran teil.

Erziehungstipps für das soziale Umfeld:
„Die Umwelt formt den Menschen" heißt es so schön. Das stimmt auch. Besonders während der Pubertät sind Mädchen vielen äußerlichen Einflüssen und sozialen Kontakten verbunden. Damit Sie als Elternteil dies etwas unter Kontrolle haben, ohne Ihre Tochter dabei zu sehr einzuschränken, haben wir ein paar hilfreiche Tipps für Sie.

1. Zeigen Sie Interesse an den Freunden Ihrer Tochter.
In der Pubertät verbringt Ihre Tochter vermutlich vermehrt Zeit mit gleichaltrigen Mädchen, aber auch das Interesse am anderen Geschlecht wächst. Sicherlich wird Ihre Tochter von der ein oder anderen Bekanntschaft und Freundin erzählen oder jemanden mit nach Hause bringen. Fragen Sie ruhig nach Ihren Freunden, aber seien Sie nicht zu neugierig. Ihre Tochter soll ihr Interesse bemerken, aber nicht das Gefühl haben, kontrolliert zu werden.

2. Warnen Sie, aber greifen Sie nicht ein.
Falsche Freunde schmuggeln sich immer mal in den Freundeskreis. Das wird auch Ihrer Tochter so gehen. Leider sind Mädchen in der Pubertät auch sehr gut beeinflussbar und fast schon blind in Bezug auf Menschenkenntnisse. Sie als Elternteil hingegen haben viel mehr Erfahrung im Umgang mit Menschen und erkennen falsche Fuffziger wesentlich schneller als Ihre Tochter. Dabei ist es wichtig, Ihre Tochter über Ihren Verdacht zu informieren und sie zu warnen, jedoch keine Verbote auszusprechen. Sie sollten Ihrer Tochter generell den Umgang mit bestimmten Leuten nicht verbieten, weil das sowieso nach hinten losgehen würde. Ihre Erfahrungen im zwischenmenschlichen Modus muss das Mädchen selbst machen.

3. Behalten Sie einen schlechten Umgang im Blick.
Neben falschen Freunden gibt es auch die berühmt-berüchtigten schlechten Umgänge.

Das sind Menschen, die Ihrer Tochter nicht gut tun, sie beeinflussen und manipulieren. Gerade bei pubertierenden Jugendlichen ist es häufig der Fall, dass ein schlechter Einfluss besteht oder aber beide zusammen auf dumme Ideen kommen und Mist bauen. Nicht selten soll sich auf diesem Wege gegenseitig etwas bewiesen werden oder sie wollen Grenzen austesten.

Dazu gehört zum Beispiel auch der Konsum von Alkohol, Zigaretten oder Drogen. Haben Sie ein Auge auf diese einflussreichen „Freunde" Ihrer Tochter oder achten Sie darauf, dass nicht Ihre Tochter der schlechte Einfluss ist. Sie können behutsam vorwarnen und mit Ihrer Tochter darüber sprechen.

Allerdings gilt auch hier: Ihre Erfahrung muss Ihre Tochter am Ende selbst machen. Wenn es durch Warnung und ein offenes Auge durch die Eltern verhindert werden kann, ist das umso besser.

4. Kennen Sie die Freunde Ihrer Tochter?

Ihre Tochter wird es wohl kaum erlauben oder wollen, dass Sie die Kontaktdaten zu ihren Freunden haben, aber es schadet nicht, wenn Sie wissen, wo die Freunde herkommen und aus welchem sozialen Umfeld sie stammen. Es ist ja auch nicht selten, dass man die Eltern kennt, zum Beispiel von Elternabenden oder wenn der Freund mal vom eigenen Vater abgeholt wird. So wissen Sie zumindest immer, mit was für einem Menschen Ihre Tochter unterwegs ist.

5. Kontrollieren Sie Ihre Tochter nicht.

Auch wenn Sie als Elternteil sicher das eine oder andere Mal misstrauisch oder ängstlich sind, kommen Sie niemals auf die Idee, Ihre Tochter zu kontrollieren. Das führt am Ende nur dazu, dass Ihre Tochter erst recht Geheimnisse vor Ihnen hat und rebelliert. Sie können aber ein unauffälliges Auge auf Ihre Tochter haben, ohne ihr nachzuspionieren oder sie zu kontrollieren. Allerdings sollten Sie auch lernen, Ihrer Tochter zu vertrauen.

Letzte Worte zum Buch

Die Erziehung eines Kindes ist immer eine Herausforderung. Es bedarf viel Verantwortung, Vorsicht, Liebe und Geduld. Tritt dann die Pubertät ihren Dienst an, wird es nochmal schwieriger. Besonders Eltern mit Töchtern leiden oft unter den pubertären Anwandlungen ihres einstigen kleinen Engels. Aber die Pubertät ist kein Grund, die Nerven zu verlieren oder mit den Erziehungsmaßnahmen zu hadern. Ganz im Gegenteil: Während der Pubertät findet der Übergang vom Kindsein zum Erwachsenwerden statt. Und den haben wir alle bereits hinter uns gebracht. Natürlich fließen wahrscheinlich viele Tränen, es fallen böse Worte und die ein oder andere Tür wird zugeschlagen. Aber wir selbst sind doch das beste Beispiel dafür, dass es vorbei geht. Die Pubertät hat auch wieder ein Ende. Bis dahin sollten Eltern die Nerven behalten, ruhig bleiben und das Ganze gemeinsam mit ihrer Tochter ausstehen. Das Zauberwort ist „gemeinsam".

Die Pubertät ist eine schwierige, aber sehr wichtige Phase in der Entwicklung Ihrer Tochter.

Fragen Sie sich, wie viel Kraft und Nerven Sie für die Emotionsausbrüche und Machtkämpfe Ihrer Tochter wirklich investieren möchten. Sie werden schnell merken, dass endlose Diskussionen, Streitigkeiten, Verbote und Vorwürfe nichts bringen werden, weder Ihnen, noch ihrer Tochter. Nehmen Sie die pubertären Ausbrüche nicht persönlich.

Beratung und Unterstützung

Mädchen, die Beratung oder Unterstützung suchen, haben verschiedene Anlaufstellen, die ihnen helfen können, Antworten auf ihre Fragen zu finden oder Unterstützung in schwierigen Zeiten zu erhalten. Hier sind einige Ressourcen und Orte, an die sie sich wenden können:

Beratungsstellen und Online-Plattformen

www.bke-jugendberatung.de/

Eine Online-Beratungsplattform, die sich an Jugendliche richtet und anonyme Beratung zu Themen wie Familie, Schule, Liebe und Sexualität anbietet.

Bietet umfangreiche Beratung zu Themen wie Sexualität, Verhütung, Schwangerschaft und mehr. Pro Familia hat Standorte in ganz Deutschland und bietet auch Online-Beratung an.

Ein kostenfreies, anonymes Beratungsangebot für Kinder und Jugendliche, das telefonisch oder per Chat erreichbar ist.

Frauenhäuser und lokale Beratungszentren

Frauenhäuser: Frauenhäuser bieten Schutz und Beratung für Mädchen und Frauen, die von häuslicher Gewalt betroffen sind. Sie bieten auch Unterstützung in Krisensituationen und Beratung zu rechtlichen Schritten.

Lokale Beratungszentren: Viele Städte und Gemeinden haben lokale Beratungszentren, die spezialisierte Unterstützung für Jugendliche und junge Erwachsene anbieten. Diese Zentren können Hilfe bei persönlichen, schulischen oder beruflichen Problemen leisten.

Gesundheitseinrichtungen

Gynäkologie: Für Fragen zur sexuellen Gesundheit, Verhütung und Menstruation können Mädchen eine Gynäkologin aufsuchen. Viele Praxen bieten spezielle Sprechstunden für Teenager an.

Gesundheitsämter: Viele Gesundheitsämter bieten Beratung zu Themen wie Sexualität, Verhütung und Gesundheitsvorsorge an.

Online-Ressourcen

www.lizzynet.de: Ein Online-Community und Informationsportal für Mädchen und junge Frauen, das Themen von Bildung und Beruf bis hin zu Gesellschaft und Umwelt abdeckt, einschließlich Gesundheit und Sexualität.

www.maedchen.de: Ein Online-Magazin, das eine Vielzahl von Themen abdeckt, die Mädchen und junge Frauen interessieren, einschließlich Gesundheit, Liebe und Sexualität.

Es ist wichtig, dass Mädchen eine vertrauenswürdige und sichere Quelle für Informationen und Unterstützung finden. Diese Ressourcen können einen guten Startpunkt bieten, aber es ist ebenso wichtig, mit Personen des Vertrauens, wie Familie, Freunden oder Lehrkräften, offen über Bedenken und Fragen zu sprechen.

Haftungsausschluss und Urheberrecht

Der Autor übernimmt keine Haftung für die Umsetzung der enthaltenen Informationen, Anleitungen und Strategien dieses E-Books. Jegliche Schäden, die durch die Nutzung oder Nichtnutzung der Informationen entstehen, können nicht dem Autor angelastet werden. Obwohl das Werk mit größter Sorgfalt erstellt wurde, wird keine Gewähr für die Aktualität, Vollständigkeit und Qualität der Informationen übernommen. Es können auch Druckfehler und Falschinformationen enthalten sein.

Alle Inhalte dieses Werkes sowie Informationen, Strategien und Tipps sind urheberrechtlich geschützt. Alle Rechte sind vorbehalten. Jeglicher Nachdruck oder jegliche Reproduktion – auch nur auszugsweise – in irgendeiner Form wie Fotokopie oder ähnlichen Verfahren, Einspeicherung, Verarbeitung, Vervielfältigung und Verbreitung mit Hilfe von elektronischen Systemen jeglicher Art (gesamt oder nur auszugsweise) ist ohne ausdrückliche schriftliche Genehmigung des Autors strengstens untersagt. Alle Übersetzungsrechte vorbehalten. Die Inhalte dürfen keinesfalls veröffentlicht werden. Bei Missachtung behält sich der Autor rechtliche Schritte vor.

Impressum

© Family Life Experts

2019
1. Auflage
Alle Rechte vorbehalten
Nachdruck, auch in Auszügen, nicht gestattet
Kein Teil dieses Werkes darf ohne schriftliche Genehmigung des Autors in irgendeiner Form reproduziert, vervielfältigt oder verbreitet werden
Kontakt:
Dmitri Kromm
Hundertwasserallee 9
64372 Ober Ramstadt

Printed in Poland
by Amazon Fulfillment
Poland Sp. z o.o., Wrocław

35506701R00090